WUNDERTÜTE INNENSTADT

Einkaufs- und Erlebnistouren

in

NÜRNBERG

Wilfried Weisenberger

WIDMUNG

Für Ruth und Tim, die in den letzten Jahrzehnten meine "Begehungen" bei gemeinsamen Besuchen in den Innenstädten geduldig ertragen, mein Berufsleben als Handels- und Kommunalberater mit Rat und Tat unterstützt und unsere gegenseitige Liebe als wertvollen Schatz sorgsam mit behütet haben.

INHALT

TOURENKARTE V

SYMBOLVERZEICHNIS VI

EINFÜHRUNG VIII

NÜRNBERG 1

    RUND UM DEN TURM 3

    KUNST & GUT 14

    DAS HERZSTÜCK 29

    IM BURGVIERTEL 51

NACHWORT 73

ÜBER DEN AUTOR 74

TOURENKARTE

Die nachfolgende Karte der Nürnberger Innenstadt soll Ihnen einen schnellen Überblick geben, wo Einkaufs- und Erlebnistouren für Sie aufbereitet sind.

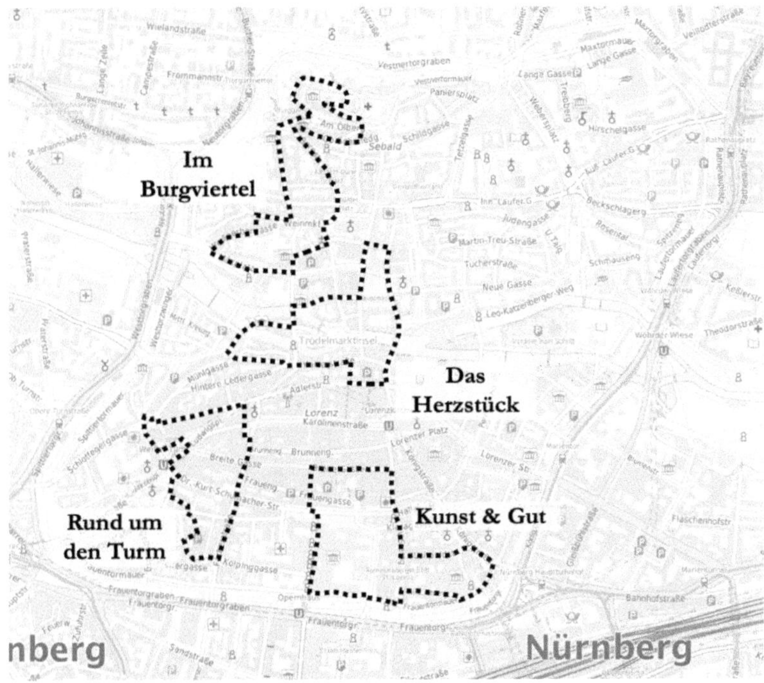

Die Touren sind unabhängig voneinander begehbar. Jede Tour hat seinen eigenen Themenschwerpunkt, wie an den jeweiligen Titeln gut erkennbar ist. Genaueres erfahren Sie immer in der kurzen Einführung zur Tour.

SYMBOLVERZEICHNIS

Die in den Touren vorgestellten Standorte werden mit deren Angebot im Detail beschrieben. Vorangestellt ist immer eine Infobox mit einem Logo auf der linken Seite und rechts mit einem QR-Code zum Scannen. Der QR-Code-Link führt zu Google Maps und informiert zum Standort, zu Google Bildern und zu den Öffnungszeiten. E-Book-Leser entdecken den Link im fettgedruckten Namen des Standortes. Zwischen den beiden Kästen in der Infobox zeigen Symbole, was an diesem Standort geboten wird. Dies ist in drei Kategorien unterteilt. Die Symbole der Ladensortimente, Gastronomie- und Erlebnisangebote haben je Kategorie unterschiedliche Bedeutungen. Die nachfolgende Tabelle liefert eine Übersicht:

Ladensortimente	Gastronomieangebote	Erlebnisangebote
Accessoires	Cocktail + Wein	Museum
Buch + Papier	Bier	Park
Einrichtung	Speisen (trad.)	Schatten
Foto	Speisen (veg.)	Skulpturen
Freizeitsport	Kunst + Kultur	Spielplatz
Geschirr	Barrierefrei	Wasser
Getränke	Spielecke	Entspannung
Handarbeit	Take away	
Lebensmittel	Terrasse	
Mode	Übernachtung	
Pflanzen	Veranstaltungsraum	
Radsport	WLAN	
Schmuck		
Schuhe		
Spielwaren		
Tiernahrung		

Vor dem Start der Tour wird anhand einer Karte deren Verlauf vorgestellt. Die darin verwendeten Symbole haben folgende Bedeutungen:

Symbol	Bedeutung
	Einzelhandel in Geschäften oder auf Märkten
	Gastronomie
	Erlebnispunkt / Sehenswürdigkeit / Kulturangebot
	Haltestelle öffentlicher Nahverkehr
	Parkhaus / Tiefgarage / Parkplatz

Zu Ihrer Zeitplanung ist unter der Tourkarte der reine fußläufige Zeitbedarf (also ohne Aufenthalt in den Geschäften, Lokalen oder Kulturangeboten) und dem Minutenzeichen (...') angegeben.

EINFÜHRUNG

Tauchen Sie ein in das Herz Nürnbergs – eine Stadt, in der Tradition auf Moderne trifft und jede Gasse Geschichten vergangener Zeiten flüstert. In **"Wundertüte Innenstadt – Einkaufs- und Erlebnistouren in Nürnberg"** entdecken Sie, wie lebendige Innenstädte weit mehr sind als reine Einkaufsparadiese. Sie sind kulturelle Schatzkammern, die das Erbe vergangener Generationen bewahren und unsere Gemeinschaft prägen.

Der Autor, der seit seiner Jugend mit Nürnberg verwurzelt ist und als langjähriger Berater von Kommunen und Handel die urbane Entwicklung hautnah miterlebt hat, ist immer wieder aufs Neue überrascht von den verborgenen Schätzen und der hohen Aufenthaltsqualität der Nürnberger Altstadt. Diese spannenden Entdeckungen und inspirierenden Erlebnisse haben ihn dazu bewegt, dieses Buch zu verfassen – eine persönliche Einladung, Nürnbergs Innenstadt aus einer neuen, faszinierenden Perspektive zu erleben.

Begleiten Sie ihn auf seiner Einkaufs- und Erlebnistour durch Nürnbergs "gute Stube" und lassen Sie sich von den überraschenden Facetten einer Stadt begeistern, die mehr ist als nur ein Ort zum Shoppen.

Anmerkung: "Handel ist Wandel" so heißt es und so ist auch die Realität. Leider kommt es vor, dass Geschäfte trotz hoher Beliebtheit bei den Kunden sich vom Markt verabschieden müssen. Dies gilt auch für die Gastronomie. Die Gründe können vielfältig sein. Ich bitte Sie deshalb um Verständnis, wenn auch nach Veröffentlichung des Buches einer dieser Lieblingsläden oder Lieblingslokale nicht mehr existiert.

NÜRNBERG

Nämberch is fei wergli

schee[2]

Nürnberg ist eine Stadt, die Besucher auf vielfältige Weise begeistert - sei es durch ihre reiche Geschichte, ihr kulturelles Erbe oder das lebendige Stadtleben.

Ein Besuch in Nürnberg ist unvergesslich, denn die Stadt bietet historische Schätze und beeindruckende Architektur, wie die Nürnberger Burg, ein imposantes Wahrzeichen, das majestätisch über der Altstadt thront und nicht nur einen spektakulären Blick, sondern auch faszinierende Einblicke in das mittelalterliche Leben bietet, während enge Gassen, gut erhaltene Fachwerkhäuser und historische Plätze das Altstadtflair perfekt abrunden.

Gleichzeitig beeindruckt Nürnberg kulturell mit bedeutenden Museen wie dem Deutschen Nationalmuseum, das eine breite Palette von mittelalterlicher Kunst bis hin zu moderner Kulturgeschichte präsentiert, und mit Dokumentationszentren, die tiefe Einblicke in die jüngere Geschichte – etwa an den Orten der Nürnberger Prozesse und der Zeit des Nationalsozialismus – ermöglichen.

Die Stadt lockt zudem mit lebendigen Märkten und kulinarischen Genüssen, etwa dem weltberühmten Christkindlesmarkt, der mit traditionellen Leckereien wie Lebkuchen und Glühwein verzaubert, sowie einem kulinarischen Erbe, das von den berühmten Nürnberger Rostbratwürsten bis zu regionalen Spezialitäten reicht und in den gemütlichen Biergärten und Restaurants der Stadt erlebbar wird.

Darüber hinaus zeigt sich Nürnberg als moderne Metropole, in der pulsierendes Kulturleben mit regelmäßigen Festivals, Konzerten und Kunstausstellungen harmonisch mit einer innovativen

---

[2] Übersetzung: Nürnberg ist wirklich schön. Botschaft: Die Aussage betont, dass Nürnberg eine sehr schöne Stadt ist – mit dem typischen fränkischen Charme in der Sprache!

Stadtentwicklung verschmilzt – eine Stadt, die Tradition und Moderne in einem unvergesslichen Erlebnis vereint und alle Sinne anspricht.

In der Innenstadt erwarten Besucher zudem vielfältige Einkaufs- und Genusserlebnisse. Die Breite Gasse, die Kaiserstraße und die Karolinenstraße gehören zu den meistfrequentierten Einkaufs- und Flaniermeilen Nürnbergs, die täglich von Einheimischen und Touristen gleichermaßen belebt werden. Besonders in der malerischen Altstadt laden kleine Fachgeschäfte dazu ein, regionale Spezialitäten, handgefertigte Unikate und kunstvolles Design zu entdecken, während Souvenirshops und Feinkostläden den Besuchern authentische Nürnberger Produkte und Gaumenfreuden bieten.

Nürnberg begeistert mit einer vielfältigen Gastronomieszene, die von herzhaften fränkischen Klassikern bis hin zu innovativer Sterneküche reicht. Ob ein spontaner Snack mit den berühmten „3 im Weggla" auf die Hand oder ein exklusives Gourmet-Erlebnis im Essigbrätlein, das mit zwei Michelin-Sternen für seine raffinierten Kreationen aus regionalen Zutaten ausgezeichnet wurde – hier kommt jeder Geschmack auf seine Kosten.

Ein Besuch in Nürnberg ist daher nicht nur eine Reise durch die Geschichte, sondern auch ein Erlebnis, das alle Sinne anspricht – von beeindruckender Architektur über tiefgreifende Kultur bis hin zu unverwechselbaren Geschmackserlebnissen.

RUND UM DEN TURM

Do dräid si alles um die Lieb, 's Lebm und ums G'schäfd![3]

Das Quartier rund um den Weißen Turm in Nürnberg ist ein lebendiges Stadtviertel mit einer spannenden Mischung aus Geschichte, Shopping, Gastronomie und urbanem Flair. Der Weiße Turm selbst, ein ehemaliger Wehrturm der Stadtbefestigung, bildet ein markantes Wahrzeichen. Hier treffen sich zwei wichtige Einkaufsstraßen Nürnbergs.

Die **Breite Gasse** in Nürnberg zählt heute zu den wichtigsten Einkaufsstraßen der Stadt und ihre Geschichte reicht weit zurück. Ursprünglich war sie Teil eines mittelalterlichen Handelsweges und wurde von Handwerkern und Kaufleuten geprägt. Vor allem Tuchhändler, Schuhmacher und Kramer siedelten sich hier an und versorgten die Stadtbevölkerung mit Waren des täglichen Bedarfs.

Breite Gasse und Weißer Turm

---

[3] Übersetzung: Da dreht sich alles um die Liebe, das Leben und das Geschäft! Botschaft: Der Spruch bringt mit einem Augenzwinkern auf den Punkt, worum sich im Alltag – und besonders in diesem belebten Stadtviertel – vieles dreht: Zwischenmenschliches, Lebensfreude und natürlich der Handel.

Ihr Name deutet darauf hin, dass sie im Vergleich zu den engen mittelalterlichen Gassen ungewöhnlich breit angelegt war. Mit der Industrialisierung im 19. Jahrhundert wandelte sich die Breite Gasse zunehmend von einer Handwerkerstraße zu einer florierenden Geschäfts- und Einkaufsmeile. Neue Kaufhäuser, Modegeschäfte und Warenhäuser entstanden und machten sie zu einem wichtigen Zentrum des städtischen Handels.

Die **Karolinenstraße** ist heute eine der bekanntesten Einkaufsstraßen der Stadt, die sowohl eine lange historische Tradition als auch eine zentrale Bedeutung im modernen Stadtbild besitzt. Im 19. Jahrhundert wuchs die Karolinenstraße zu einer bedeutenden Geschäftsstraße heran, als parallel zur Breiten Gasse immer mehr Einzelhändler, Kaufhäuser und Warenhäuser sich hier ansiedelten und die Straße zu einem Zentrum des städtischen Handels machten. Dieser Aufschwung fand jedoch im Zweiten Weltkrieg ein jähes Ende, als große Teile der Nürnberger Altstadt durch Bombenangriffe zerstört wurden. Beim Wiederaufbau in den 1950er- und 1960er-Jahren wurde auf moderne Architektur gesetzt, wodurch viele der ursprünglichen historischen Strukturen verloren gingen.

Karolinenstraße und Lorenzkirche

Heute ist die Karolinenstraße eine lebendige Fußgängerzone, die vom Ludwigsplatz bis zum Lorenzer Platz reicht. Zusammen mit der Breiten Gasse bildet sie das pulsierende Herz des Nürnberger Einzelhandels und strahlt eine große Anziehungskraft für Einheimische aber auch für Konsumenten aus der Region aus.

Von der Bedeutung der beiden Einkaufsstraßen zurück zum Ludwigsplatz und zum Quartier rund um den Weißen Turm. Neben bekannten Handelsketten finden sich darin kleine Boutiquen, Concept Stores und individuelle Geschäfte. Kulinarisch bietet das Viertel eine große Bandbreite – von fränkischer Küche über internationale Spezialitäten bis hin zu modernen Café-Konzepten. Ein besonderes Highlight ist der Ehekarussell-Brunnen, ein kunstvoller und kontrovers diskutierter Brunnen, der die Höhen und Tiefen einer Ehe eindrucksvoll darstellt.

Dank seiner zentralen Lage ist das Quartier rund um den Weißen Turm ein beliebter Treffpunkt - ein Ort, an dem das Leben pulsiert.

***

Nun geht es los. Mit den öffentlichen Verkehrsmitteln angereiste Besucher nehmen am *Hauptbahnhof* die Linie 1 der U-Bahn Richtung "Fürth Hardhöhe" und steigen an der 2. Station "*Weißer Turm*" wieder aus.

Fußläufiger Zeitbedarf (28')

Für jene beginnt unsere Tour hier mit der Besichtigung des Hans Sachs-Brunnens auch Ehe-Brunnen oder Ehekarussell genannt.

Mit dem Pkw ankommende Besucher stellen ihr Fahrzeug im *Parkhaus Jakobsmarkt* ab. Von hier aus queren sie die *Jakobstraße* und biegen in die *Knorrstraße* ein.

Sollten Sie bereits hungrig sein oder sich für unsere Tour noch stärken wollen, dann kehren Sie doch in einer der bekanntesten Gasthäuser Nürnbergs, **Das Steichele** ein, das übrigens auch ein Hotelangebot bietet.

Seit 1897 steht Das Steichele für fränkische Tradition und Genuss. In dem historischen Lokal, der gemütlichen Weinstube oder dem idyllischen Garten serviert die Familie Steichele regionale, frische Küche mit Zutaten von ausgewählten Erzeugern aus der Umgebung. Prämiert im Slow Food Genussführer, bietet das Steichele zudem eine erlesene Auswahl an Weinen aus Franken, Südtirol, Rheinland-Pfalz und eigenem Anbau – zum Genießen vor Ort oder zum Mitnehmen.

Wir bleiben zunächst in der *Knorrstraße*, biegen in den *Jakobsplatz* rechts ein und halten uns wieder links in der *Dr.-Kurt-Schumacher-Straße*. Nach wenigen Metern stehen wir vor dem *Weißen Turm*, in dem der U-Bahn-Ausstieg der mit dem öffentlichen Personennahverkehr Angekommenen enthalten ist und stehen vor dem **Ehekarussell**.

Das Ehekarussell: Phase der Ehe - Familienleben

Das Ehekarussell ist ein imposanter Brunnen, den der Künstler Jürgen Weber 1984 schuf. Direkt vor dem Weißen Turm gelegen, stellt es in dramatisch-satirischer Weise die Höhen und Tiefen einer Ehe dar. Inspiriert vom Gedicht „Das bittersüße Leben" von Hans Sachs aus dem Jahr 1541, zeigt der Brunnen in überlebensgroßen Bronzefiguren den gemeinsamen Lebensweg eines Ehepaares - von leidenschaftlicher Liebe über Streit und Alter bis hin zum Tod. Die Darstellungen sind übertrieben und teils grotesk, was die Vielschichtigkeit einer Ehe humorvoll, aber auch schonungslos widerspiegelt. Besonders markant ist die kreisförmige Anordnung der Figuren, die das Auf und Ab des Ehelebens symbolisiert. Bei seiner Enthüllung war das Kunstwerk umstritten, ist heute jedoch eine bekannte Sehenswürdigkeit und ein beliebtes Fotomotiv. Das Ehekarussell verbindet barocke Formen mit modernem Realismus und zählt zu den eindrucksvollsten Brunnenmonumenten Nürnbergs.

Wir gehen nun am Weißen Turm vorbei, zurück zur *Dr.-Kurt-Schumacher-Straße* und biegen an der Ecke des WÖHRL Bekleidungshauses rechts ab und stoßen auf die *Schlotfegergasse*. Wir halten uns nun links, überqueren die Straße und besuchen die Modeboutique **Zweiraum**.

Zweiraum steht für eine erstklassige Auswahl an hochwertiger Streetwear, Sneakern und besonderen Lifestyle-Produkten. Mit einem sorgfältig kuratierten Sortiment führender Marken, einer stilvollen Atmosphäre und kompetenter Beratung bietet das Geschäft ein inspirierendes Einkaufserlebnis.

Wir gehen die *Schlotfegergasse* ein Stück zurück und biegen links in die *Karl-Grillenberger-Straße* ein. Im Eckhaus gegenüber befindet sich unser nächster Bummelstopp, das Sportgeschäft FinishLine.

FinishLine ist seit über 30 Jahren eine Top-Adresse für Laufsportbegeisterte. Geführt von den erfahrenen Läufern Simone und Wolfgang Schweigert, bietet das Fachgeschäft individuelle Beratung durch ein Experten-Team aus aktiven Läufern und Triathleten. Eine integrierte Tartan-Laufbahn, modernste Analysetechnik und ein umfangreiches Serviceangebot sorgen für optimale Laufperformance. Wöchentliche Community-Runs und Events machen FinishLine zum Treffpunkt der Laufszene in Franken.

Wir verlassen das Geschäft und wenden uns, kurz um die Ecke, der *Vorderen Ledergasse* zu. Auf der linken Straßenseite in der Hausnummer 12 begrüßt uns ein ganz besonderes Geschäft: **Blond! Made in Nürnberg,** wo sogar Kinderkleider mitwachsen!

Gegründet 2011 entwickelte sich Blond! Made in Nürnberg vom Familienbetrieb zu einem regional anerkannten Unternehmen mit mehreren Mitarbeitern. Seit 2012 regelmäßig auf über 40 Märkten und Messen vertreten, darunter bekannte Veranstaltungen wie der „Nürnberger Christkindlesmarkt" und die „Consumenta Nürnberg". Mit dem Umzug im September 2015 und der Erweiterung auf ca. 500 qm entstanden neue Lager- und Produktionskapazitäten. Die große Ladenfläche bietet ein einzigartiges Sortiment an fairer, ökologischer und regional hergestellter Mode für Babys, Kinder und Erwachsene. Stetige Produkterweiterungen orientieren sich an der Nachfrage.

Wir bleiben in der Straße und treffen gleich auf derselben Straßenseite auf den Laden **Laufsteg**.

Laufsteg Fashion ist die Top-Adresse für stilbewusste Trendsetter. Mit einer exklusiven Auswahl an Designermode, angesagten Labels und individuellen Styles bietet das Geschäft ein einzigartiges Shopping-Erlebnis. Persönliche Beratung, hochwertige Materialien und immer die neuesten Trends machen den Besuch lohnenswert. Wer auf der Suche nach besonderen Fashion-Highlights ist, sollte sich Laufsteg Fashion nicht entgehen lassen!

Jetzt verlassen wir mal kurz die textile Welt in Nürnberg und wenden uns einem alteingesessenen Buchladen zu. Dazu gehen wir noch ein Stück der *Vorderen Ledergasse* entlang und treffen sogleich auf den *Josephsplatz*. Schon erkennen wir den Hintereingang des Buchladens **Jakob**, den wir nutzen.

Die Buchhandlung Jakob am Hefnersplatz (Vordereingang) erfindet sich neu – einst eine Institution für Architektur-, Eisenbahn- und Kunstbücher, heute ein lebendiger Treffpunkt für Literaturbegeisterte. Unter der Leitung von Thomas Kistner setzt sie auf Vielfalt, persönliche Beratung und kulturelle Events. Mit einem sorgfältig ausgewählten Sortiment und regelmäßigen Lesungen ist sie ein fester Bestandteil der Nürnberger Literaturszene – ausgezeichnet mit dem Deutschen Buchhandlungspreis 2022. Wer sich für die Nürnberger Kulturszene vergangene Tage interessiert, der wird sich an einem Bild des KOMM (Kommunikationszentrum) in der Buchhandlung erfreuen. Mehr dazu in der Tour Kunst & Gut.

Wir verlassen den Buchladen am Hauptausgang zum *Hefnersplatz*, überqueren diesen und bleiben etwas in der *Färberstraße*. Zunächst treffen wir wieder auf die *Breite Gasse*, gehen aber weiter bis zur *Dr.-Kurt-Schuhmacher-Straße*. Wer sich für Brautmoden und Abendkleider interessiert, für den lohnt sich rechter Hand ein Abstecher zu **Safa Mode**.

Safa Mode ist eine der ersten Nürnberger Adressen für elegante Braut- und Abendmode. Ob traumhafte Ballkleider, stilvolle Bräutigamanzüge oder exklusive Hochzeitsroben - hier findet jeder das perfekte Outfit. Kundinnen profitieren von einer großen Auswahl und können Abendkleider ganz ohne Termin anprobieren. Das macht den Einkauf besonders flexibel und angenehm.

Danach gehen wir wieder zurück zur *Färberstraße*, halten uns rechts und gleich wieder an der nächsten Querstraße, der *Jakobstraße*, links. Nun wird es sicher günstiger beim Einkauf. **Lilith** Second Hand Laden für Frauen bietet ebenfalls Schönes, aber sicher preiswerteres.

Der Laden ist ein karitatives Fachgeschäft für hochwertige Damenmode und modische Accessoires. Hier kommen gespendete Kleidungsstücke und Accessoires von Privatpersonen und Unternehmen zusammen, die unter professioneller Anleitung von Fachkräften und Klientinnen des sozialen Arbeitsprojekts aufbereitet und verkauft werden. Mit Unterstützung von rund 30 Ehrenamtlichen bietet der Laden individuellen Service und attraktive Öffnungszeiten. So verbindet Liliths Second Hand Mode mit sozialer Verantwortung und Engagement.

Wir kehren wieder zurück zur *Färberstraße* und biegen links ein. Auf der rechten Straßenseite entdecken wir ein ganz besonderes Ladengeschäft, das **mono-Ton**.

Mono-Ton Schallplatten ist eine herausragende Adresse für Vinyl-Liebhaber. Das Fachgeschäft bietet eine große Auswahl an neuen und gebrauchten Schallplatten sowie hochwertige HiFi-Komponenten führender Marken wie Pro-Ject Audio Systems und Dali. Als Treffpunkt für Musikfans veranstaltet mono-Ton regelmäßig Konzerte und Events.

Direkt an der Ecke des Musikgeschäftes biegen wir in die *Maiengasse* ein. In der anschließenden *Zirkelschmiedsgasse* biegen wir rechts in die *Schottengasse* ein und gönnen uns einen kulinarischen Abschluss der Tour im **Levantine**.

Das Levantine ist ein besonderes Restaurant, das die vielfältige Küche der Levante-Region präsentiert. Diese Region umfasst Länder wie Palästina, Syrien, den Libanon, Israel, die Türkei und Zypern. Das Restaurant in einem charmanten Fachwerkhaus bietet ein orientalisches Ambiente mit bunten Kissen, kunstvollen Tellern und Fotografien aus dem Libanon. Ein zentrales Element der levantinischen Küche ist die Meze-Kultur, bei der zahlreiche kleine Gerichte serviert werden, die gemeinsam genossen werden. Diese Art des Essens fördert das Gemeinschaftsgefühl und lädt dazu ein, verschiedene Geschmacksrichtungen zu entdecken. Das Levantine legt besonderen Wert auf vegetarische und vegane Optionen, wie Okraschoten in Tomatensoße oder gebratenes Gemüse mit Hummus, was es besonders bei Veganern beliebt macht.

Wir sind am Ende der ersten Tour durch die Nürnberger Innenstadt angekommen und haben nur noch einen kurzen Weg zu unserem Fahrzeug im Parkhaus Jakobsmarkt oder zur U-Bahn im Weißen Turm.

Zurückschauend war dies ein guter Einstieg in die Nürnberger Einkaufs- und Erlebniswelt. Wichtige Einkaufstraßen und deren Geschichte haben wir kennengelernt. Gleichzeitig haben wir erlebt, dass neben den Mainstreamanbietern in den Highstreets gerade auch der kleine, inhabergeführte Einzelhandel das Salz in der (Konsum)Suppe sein können. Das hat sicher Appetit gemacht. Freuen wir uns auf die weiteren Touren.

✳✳✳

KUNST & GUT

Basst scho![4]

Nürnberg hat eine lange Tradition kreativer Köpfe, die Kunst, Wissenschaft und Handwerk geprägt haben. Einer der bekanntesten ist Albrecht Dürer (1471-1528), einer der bedeutendsten Künstler der Renaissance, berühmt für seine Holzschnitte, Kupferstiche und Gemälde. Der Dichter und Meistersinger Hans Sachs (1494-1576) wurde durch seine humorvollen und gesellschaftskritischen Verse bekannt und inspirierte Richard Wagners Oper Die Meistersinger von Nürnberg. Auch in der Technik brachte Nürnberg Pioniere hervor: Peter Henlein (um 1479-1542) erfand mit dem „Nürnberger Ei" die erste tragbare Taschenuhr und revolutionierte damit die Zeitmessung. In der Bildhauerkunst setzte Veit Stoß (um 1447-1533) Maßstäbe mit kunstvollen Holzschnitzereien, darunter das beeindruckende Hochrelief in der Nürnberger Frauenkirche. Ein weiterer bedeutender Nürnberger war Martin Behaim (1459-1507), der mit seinem „Erdapfel" den ältesten erhaltenen Globus schuf und damit die Kartografie nachhaltig beeinflusste. Diese Persönlichkeiten stehen stellvertretend für die außergewöhnliche Kreativität und Innovationskraft, die Nürnberg über Jahrhunderte geprägt hat.

Neben den berühmten Künstlern und Erfindern glänzt Nürnberg auch durch seine kulinarischen Spezialitäten, wie die Nürnberger Rostbratwürste oder die Nürnberger Lebkuchen, die es seit dem 14. Jahrhundert gibt, und so eine lange Handwerkstradition haben. Durch Nürnbergs Lage an wichtigen Handelsrouten hatten die Bäcker schon früh Zugang zu exotischen Gewürzen wie Zimt, Nelken und Kardamom. Seit 1927 sind "Nürnberger Lebkuchen" eine geschützte Herkunftsbezeichnung, was bedeutet, dass sie nur in

---

[4] Übersetzung: Schon okay! Bedeutung: „Basst scho!" – das kleine fränkische Wörtchen mit großer Wirkung. Es ist Lob, Zurückhaltung und Kritik in einem – je nachdem, wie es gesagt wird. Mal ist es der Ritterschlag für gute Arbeit, mal ein charmant-verpacktes „Naja, geht so".Wörtlich heißt es zwar nur „Passt schon", doch im fränkischen Sprachgebrauch ist es so viel mehr: ein Understatement-Applaus, ein nonchalantes Kompliment oder auch mal eine höfliche Ausrede, wenn man lieber schweigt als ehrlich zu sein. Kurzum: „Basst scho!" ist die fränkischste aller Bewertungen – vieldeutig, pointiert und immer ein bisschen geheimnisvoll. Wer's richtig deuten kann, hat den fränkischen Sprachcode geknackt.

Nürnberg hergestellt werden dürfen. Nürnberger Lebkuchen sind ein Stück Geschichte zum Genießen – mit bestem Geschmack und echter Handwerkskunst!

Der Spruch „Nürnberger Tand geht durch alle Land" stammt aus dem Mittelalter und bezieht sich auf die große Bedeutung Nürnbergs als Handels- und Produktionszentrum. Mit „Tand" ist hier kein wertloser Kram, sondern handwerklich gefertigte Waren gemeint. Dieses historische Handelserbe Nürnbergs ist bis heute in vielen Bereichen spürbar.

Auf der nächsten Tour begegnen wir diesen Nürnberger Besonderheiten an verschieden Stellen. Sei es im Handel, kulinarisch oder kulturell. Wer sich für Geschichte und alte Meister interessiert, wird im Germanischen Nationalmuseum verweilen wollen. Wer dagegen lieber moderne Kunst und Design erleben möchte, wird wohl das Neue Museum besuchen.

***

Für mit dem Pkw angereiste Besucher empfiehlt sich für diese Tour das *Parkhaus Sterntor*, das Sie über den *Innenstadt-Ring* unweit des *Hauptbahnhofs* bequem, der Ausschilderung folgend, erreichen können. Reisende, die mit der Bahn ankommen nutzen die *Fußgänger-Unterführung* Richtung Innenstadt und bummeln gleich nach dem Ausgang links im Stadtmauergraben entlang und kommen so zu unserem Ausgangspunkt in der *Vorderen Sterngasse*.

Fußläufiger Zeitbedarf 45')

Gleich am Beginn der *Vorderen Sterngasse* treffen wir links auf unser erstes interessantes Ladengeschäft, das **Rosegardens**, das sich selbstbewusst als "Schönster Laden von Nürnberg" bezeichnet.

Das Ladengeschäft bietet auf 120 qm ein besonderes Einkaufserlebnis. Das Sortiment umfasst natürliche Körperpflegeprodukte, edle Düfte, zauberhafte Dekoartikel und eine große Auswahl an Hannah-Dale-Produkten mit liebevollen Tiermotiven aus Bone China Porzellan. Spezialitäten wie englische Fudges und ein Rosenkulinarium runden das Angebot ab. Die Inhaber, Oliver Spiller und Michael Heidrich, beraten individuell und persönlich.

Wir verlassen das Geschäft mit dem englischen Touch und nutzen gleich gegenüber die *Hintere Sterngasse* bis wir am Klarissenplatz ankommen. Hier lädt uns das **Neue Museum** zu einem Besuch ein.

Das Neue Museum Nürnberg wurde am 15. April 2000 eröffnet. Die Entscheidung zum Bau eines Museums für zeitgenössische Kunst in Nürnberg traf die Bayerische Staatsregierung im Jahr 1990. Der Architekt Volker Staab entwarf das Gebäude mit einer markanten, 100 Meter langen Glasfassade, die sich harmonisch in den historischen Stadtkern einfügt. Der Bau begann 1996 und wurde 1999 abgeschlossen. Das Museum zeigt auf über 3.000 qm Kunst und Design ab den 1950er Jahren bis in die Gegenwart.

Das Museum beherbergt eine beeindruckende Sammlung zeitgenössischer Kunst und Design. Es zeigt Werke ab den 1950er Jahren bis zur Gegenwart, darunter Gemälde, Skulpturen, Fotografien und Medienkunst von Künstlern wie Gerhard Richter, Günther Förg oder Pipilotti Rist.

Einzigartig ist die Verbindung von Kunst und Design, mit herausragenden Exponaten aus Grafik, Möbel- und Produktdesign. Besonders hervorzuheben sind auch die wechselnden Sonderausstellungen, die aktuelle Strömungen und internationale Positionen präsentieren.

Glasfront des Neuen Museums für zeitgenössische Kunst und Design

Gleich gegenüber empfängt uns der **Handwerkerhof.**

Er wurde 1971 anlässlich des 500. Geburtstags von Albrecht Dürer im historischen Waffenhof am Frauentor geschaffen. Ursprünglich als temporäre Ausstellung geplant, um Besucher anzulocken, war der Erfolg so groß, dass der Handwerkerhof dauerhaft erhalten blieb. Heute ist er eine beliebte Attraktion für Touristen. Er bietet einen einzigartigen Einblick in die traditionellen Handwerkskünste Nürnbergs. Hier können Besucher Handwerkern bei der Arbeit zusehen, sei es beim Lebkuchenbacken, Töpfern, Zinngießen oder Goldschmieden. Außerdem gibt es lokale Spezialitäten wie Nürnberger Rostbratwürste und fränkische Getränke. Besonders festlich wird der Handwerkerhof zur Weihnachtszeit, wenn er sich in einen charmanten Weihnachtsmarkt verwandelt. Im Laufe des Jahres finden auch Sonderausstellungen statt, wie die Krippenausstellung im Dezember. Der Handwerkerhof trägt so zur Erhaltung und Präsentation des kulturellen Erbes Nürnbergs bei.

Eingang zum Handwerkerhof

Wir testen die Handwerkskunst mittels eines Besuches bei **DORNAUERS Lebküchnerei & Chocolaterie**.

Die Lebküchnerei & Chocolaterie im Handwerkerhof und das Café im Wehrgang sind definitiv einen Besuch wert! Diese traditionelle Lebküchnerei bietet nicht nur die berühmten Nürnberger Lebkuchen, sondern auch eine exquisite Auswahl an handgemachten Schokoladen und anderen süßen Spezialitäten. Das Café im Wehrgang sorgt für eine gemütliche Atmosphäre, ideal, um bei einer Tasse Kaffee oder einem Stück Kuchen die Atmosphäre der historischen Umgebung zu genießen. Es ist der perfekte Ort, um die süße Seite Nürnbergs zu erleben!

Wir verlassen den Handwerkerhof am Haupteingang direkt neben dem *Königstorturm*. Auf der anderen Straßenseite entdecken wir das **Künstlerhaus**.

Das Künstlerhaus Nürnberg, gegründet 1910, ist eine bedeutende Kultureinrichtung der Stadt mit einer bewegten Geschichte. Ursprünglich als Heim und Ausstellungsort für Künstler konzipiert, erlebte es im Laufe der Jahrzehnte verschiedene Nutzungen. Nach dem Zweiten Weltkrieg diente es zunächst als Offizierskasino der US-Armee und später als Lager sowie als vorübergehender Standort der Erziehungswissenschaftlichen Fakultät Nürnbergs.

In den 1970er Jahren stand das Gebäude vor der Entscheidung zwischen längerfristiger Nutzung oder Verfall. Der damalige Kulturreferent Hermann Glaser entwickelte daraufhin das Konzept eines selbstverwalteten, städtisch finanzierten soziokulturellen Zentrums. Dieses Konzept wurde 1973 mit einem Probelauf umgesetzt und 1974 in eine dauerhafte Form überführt. Es entstand das KOMM, eines der ersten selbstverwalteten soziokulturellen Zentren in Deutschland, das bis 1997 bestand.

Das KOMM in Nürnberg war ein legendäres Kultur- und Jugendzentrum. Es entstand aus der linken Jugend- und Alternativbewegung und bot Raum für politische Diskussionen, Konzerte, Theater, Workshops und kreative Projekte. Besonders bekannt war das

KOMM für seine progressive Ausrichtung, seine offene Struktur und die Förderung alternativer Kunst und Musik. Viele Künstler und Bands traten dort auf. Nach Konflikten um die Nutzung wurde das Zentrum 1996 geschlossen und später durch das Kulturzentrum K4 (heute Künstlerhaus) ersetzt.

Die vom Autor dieses Buches initiierte und geführte Gruppe Lieder, Songs und Diskussionen (LSD) war eine der zahlreichen ehrenamtlichen Initiativen im Nürnberger Kommunikationszentrum KOMM. Sie bot Künstlern und Liedermachern eine Plattform, um ihre Werke vorzustellen und anschließend mit dem Publikum zu diskutieren. Diese Veranstaltungen förderten den kulturellen Austausch und bereicherten das kreative Leben in Nürnberg.

Obwohl das KOMM in seiner ursprünglichen Form nicht mehr existiert, gibt es weiterhin Zeitzeugen und Dokumentationen, die über die Aktivitäten von Gruppen wie LSD berichten. Der Bayerische Rundfunk strahlte 2023 die Dokumentation "Radikal an der Basis: Das Nürnberger KOMM" aus, die einen Einblick in die Geschichte des Zentrums und seiner Gruppen gibt. Ebenso veröffentlichte die Medienwerkstatt Franken einen Film, der die Bedeutung des KOMM für die Stadtkultur Nürnbergs beleuchtet.

Im sogenannten Glasbau des Künstlerhauses im Erdgeschoss entdecken wir ein alternatives Handelskonzept, das ein wenig an den Geist des alten Kommunikationszentrums erinnert, den Concept Store **GENTLEMACHINE**.

GENTLEMACHINE ist mehr als ein Laden – ein communitybasierter Store in Nürnberg, in dem jeder eine entscheidende Rolle spielt. Hier wird gut erhaltene Kleidung nicht entsorgt, sondern getauscht. Der Name, inspiriert vom „Schonwaschgang" in Pflegehinweisen, steht für einen bewussten Umgang mit Mode. GENTLEMACHINE richtet sich an alle Fashion-Enthusiasten, die nachhaltig shoppen und Fast Fashion den Schonwaschgang verpassen möchten.

Wir bleiben kurz in der *Königsstraße* und bevor wir links in die *Luit-poldstraße* einbiegen, treffen wir auf ein kulinarisches Highlight, das **Fränk'ness.**

Das Fränk'ness in Nürnberg ist ein innovatives Restaurant von Sternekoch Alexander Herrmann, das die traditionelle fränkische Küche modern interpretiert. Im Mittelpunkt steht ein Steinofen, in dem regionale Zutaten zu kreativen, leichten Gerichten verarbeitet werden. Besonders bekannt ist das Restaurant für seinen einzigarti-gen "Fränk'ness Burger", bei dem gezupftes Schäufele als Fleischal-ternative dient. Dieses Konzept hat dem Lokal große Anerkennung eingebracht. Die Atmosphäre ist entspannt und urban – ideal für ein schnelles Mittagessen, ein Business-Meeting oder einen gemüt-lichen Abend mit Freunden.

Jetzt geht es rein in die *Luitpoldstraße*, wo am Ende der Straße für das gute Gewissen nach dem Fränk'ness Burger was Sportliches wartet. Zumindest was das Outfit angeht: **TX Sports**.

TX Sports ist Nürnbergs Skateshop für echte Skate-Kultur seit 1994. Hier gibt es nur authentische, hochwertige Produkte – von Klassikern wie Volcom, Carhartt WIP, Nike SB und Vans bis hin zu exklusiven Labels wie Fucking Awesome, Polar Skate Co. und Strangelove. Zentral nahe dem Hauptbahnhof gelegen, ist TX Sports die erste Adresse für alle, die auf Qualität und Style setzen.

Vielleicht haben Sie nun Lust auf Comix. Dafür bleiben wir in der *Vorderen Sterngasse* und betreten auf der linken Straßenseite das **Ultracomix**. Hier wird uns Ultra-viel Sortiment, Ultra-kompetente Beratung und Ultra-gutes Einkaufserlebnis versprochen.

Ultra Comix ist einer der größten Comic- und Spieleläden Europas und ein Paradies für Comic- und Mangafans, leidenschaftliche Spieler und Sammler. Auf 1000 qm und drei Etagen gibt es alles rund um Comics, Manga, Fantasy und Spiele – von aktuellen Bestsellern bis zu seltenen Schätzen. Das Antiquariat K1 bietet Highlights aus über 50 Jahren Comic- und Mediengeschichte. Ob Beratung, Raritäten oder Geschenkideen – hier wird jeder fündig!

Wir reißen uns aus den Fängen des bösen Gargamel und überlassen ihn den schlauen Schlümpfen und ziehen ein Stück weiter *Richtung Innenstadt*. Gleich an der nächsten Straßenecke und treten wir ein in eine andere Traumwelt, die **Grüne Erde**. Wobei dieses Möbelgeschäft weit mehr als nur Betten zu bieten hat.

Grüne Erde, 1983 mit der Naturmatratze „Weiße Wolke" gegründet, ist heute ein Pionier für gesunden, natürlichen Schlaf. Das Sortiment umfasst Matratzen, Bettwaren, Möbel, Heimtextilien, Kleidung und Kosmetik – alles ökologisch und fair produziert. Im Nürnberger Store auf 570 m² erleben Kunden die Vielfalt der nachhaltigen Schlafwelt. Nur wenige Minuten vom Hauptbahnhof entfernt, bietet der Laden die Möglichkeit, Matratzen auszuprobieren und sich kostenlos und individuell beraten zu lassen.

Jetzt gönnen wir uns wieder einen Schuss Nürnberger Modewelt und ziehen in der Vorderen Sterngasse weiter bis zum Hallplatz. Im Eckhaus findet sich das Modegeschäft **Brooklyn**.

Brooklyn versorgt Sneaker- und Streetwear-Fans seit 1994 mit den angesagtesten Styles. Ob Sneaker, Caps, Taschen oder Textilien – hier warten die neuesten Modelle von Top-Brands wie Nike, Jordan und Vans. In Nürnberg vor Ort oder seit 2007 auch online – immer am Puls der Streetwear-Kultur.

Nach dem Verlassen des Brooklyn bleiben wir am Hallplatz, gehen dem ein Stück entlang und befinden uns gleich an der historischen Mauthalle.

Die Familie Dornauer hat neben dem Laden im Handwerkerhof, im Sommer 2025, in der traditionsreichen Mauthalle am Hallplatz 2 eine neue Filiale eröffnet. Das Geschäft verbindet Confiserie, Café und Bar in einem. Besucher finden hier die gesamte Palette der hauseigenen Schokoladen- und Lebkuchenmanufaktur – von edlen Grand-Cru-Schokoladen und handgefertigten Pralinen bis zu den bekannten Dürer Kugeln® und klassischen Elisenlebkuchen. Ergänzt wird das Sortiment durch frische Angebote wie Trinkschokolade, Schokoladenpizza und Schokofrüchte, die direkt vor Ort genossen werden können. Ein besonderes Highlight sind die frisch gemixten Cocktails, die den Aufenthalt in der historischen Halle zu einem geselligen Erlebnis machen. Damit vereint Dornauers in der Mauthalle Nürnbergs kulinarisches Erbe mit modernen Akzenten und macht den Besuch zu einer lohnenden Station für Reisende wie Einheimische.

Wir verlassen das Dornauers und biegen an der nächsten Ecke in die Gasse An der Mauthalle ein. Wir treffen wieder auf die Pfannenschmiedsgasse und laufen einige Meter entlang zweier Zeitzeugen des Niedergangs der Warenhäuser. Linker Hand das ehemalige Hertie-Gebäude (zuletzt City Point) das seit 2018 leer steht und dessen weitere Entwicklung weitgehend unklar ist.

Auf der rechten Seite befindet sich das ehemalige Kaufhof-Gebäude, das seit Juni 2023 geschlossen hat. Es wurde im Juli 2024 von der Stadt Nürnberg erworben. Nun kommt Bewegung in den Leerstand: Die Rudolf Wöhrl SE hat mit dem Umbau des etwa 3.000 Quadratmeter großen Erdgeschosses begonnen, um dort ein attraktives Outlet-Konzept mit ergänzenden Pop-up-Flächen und Shop-in-Shop-Formaten zu schaffen.
Parallel testet Ikea seit September 2025 im Rahmen einer Zwischennutzung einen Pop-up-Store, während die Stadt als Eigentümer die langfristige Zukunft des denkmalgeschützten Gebäudes prüft. Insgesamt steht der ehemalige Kaufhof damit vor einem Wandel von einem lange leerstehenden Warenhaus zu einem lebendigen Standort mit temporären und langfristigen Nutzungskonzepten, die Handel, Gastronomie und eventuell städtische Aufenthaltsqualität verbinden sollen.

An der Straßenecke zwischen City Point und Kaufhof beginnt die *Breite Gasse*, die wir schon in der ersten Tour kennengelernt haben. Wir entdecken bald auf der linken Seite **JOVI FASHION**.

JOVI FASHION legt Wert auf typgerechte Beratung in entspannter Atmosphäre. Das umfangreiche Sortiment bietet Damenmode in hervorragender Qualität zu einem interessanten Preis-Leistungs-Verhältnis. Hier kann sich jede modebewusste Frau von Kopf bis Fuß neu einkleiden, sei es für Freizeit, Business oder besondere Anlässe.

Ein Stückchen weiter Richtung Weißer Turm entdecken wir links eine kleine Gasse. Die *Krebsgasse* führt uns zum **American Store &**

British Empire. Willkommen in Klein-Amerika und der Welt des British Empire.

Der American Store & British Empire bietet auf drei Etagen eine vielfältige Auswahl an Produkten. Neben trendiger Bekleidung und Schuhen umfasst das Sortiment auch Outdoor-Artikel, Zubehör sowie britische und amerikanische Lebensmittel. Besonders hervorzuheben sind die angebotenen Marken wie Alife & Kickin, Alpha Industries, Ben Sherman und viele mehr.

Wir bleiben in der Krebsgasse und stoßen nach wenigen Metern auf den Kornmarkt mit dem Gewerkschaftshaus. Wir halten uns aber noch rechts und entdecken in der Dr.-Kurt-Schumacher-Straße das asiatische Restaurant **Fujiyama**, dessen Atmosphäre, wie auch die Qualität der Speisen vielfach gelobt werden.

Im Fujiyama erwartet Gäste ein authentisches Geschmackserlebnis aus Sushi- und asiatischen Spezialitäten. Direkt unter dem Adina Hotel, verbindet das Restaurant hochwertige Küche mit einem stilvollen, von Naturmaterialien geprägten Ambiente. Die warme Holzoptik schafft eine einladende Atmosphäre für puren Genuss. Das engagierte Team, angeführt von erfahrenen Köchen, sorgt für erstklassigen Service und kulinarische Perfektion. Ein Ort für Genießer.

Die Holzgestaltung der Wände im Fujiyama ist nicht nur ein dekoratives Element, sondern trägt auch zur besonderen Atmosphäre des Restaurants bei. Typisch für gehobene asiatische Gastronomie, schafft das natürliche Material eine warme, einladende Umgebung, die Ruhe und Eleganz ausstrahlt. In der japanischen Kultur spielt Holz eine große Rolle in der Architektur – es symbolisiert Naturverbundenheit, Beständigkeit und Harmonie. Die klare Linienführung und minimalistische Gestaltung erinnern an traditionelle japanische Teehäuser oder moderne Zen-Ästhetik. Zudem wirkt Holz akustisch dämpfend, was zu einer angenehmen Geräuschkulisse beiträgt, und verstärkt das Gefühl von Gemütlichkeit. Diese Gestaltung verbindet also sowohl ästhetische als auch funktionale Aspekte und unterstreicht das Konzept des Restaurants als Ort der Entspannung und Genusskultur.

Wir kehren zurück zum Gewerkschaftshaus am Kornmarkt. Links davon befindet sich der Eingang zur **Straße der Menschenrechte**.

Die Straße der Menschenrechte ist ein eindrucksvolles Mahnmal, das an die universellen Menschenrechte erinnert. Geschaffen vom israelischen Künstler Dani Karavan, erstreckt sich das Kunstwerk entlang der Kartäusergasse und besteht aus 27 massiven Betonpfeilern, einer Pfeilereiche sowie einem stilisierten Triumphbogen. Jeder Pfeiler trägt einen Artikel der Allgemeinen Erklärung der Menschenrechte, eingemeißelt in Deutsch und einer weiteren Sprache.

Die Idee zur Straße der Menschenrechte entstand 1988 im Zuge eines städtebaulichen Wettbewerbs zur Neugestaltung der Umgebung des Germanischen Nationalmuseums. Mit der feierlichen Einweihung 1993 verlieh Nürnberg erstmals den Menschenrechtspreis, um seinen Wandel von der „Stadt der Reichsparteitage" zur „Stadt des Friedens und der Menschenrechte" zu unterstreichen.

Karavans Werk hat das Bewusstsein der Stadt nachhaltig geprägt. Es lädt Einheimische und Besucher dazu ein, über Menschenrechte nachzudenken und sie als Grundpfeiler eines friedlichen Miteinanders zu begreifen.

Blick auf die Straße der Menschenrechte und zum Eingang des GNM

In der Kartäusergasse selbst befindet sich auch der Eingang zum **Germanischen Nationalmuseum**, der letzten Station auf unserer Tour.

Das Germanische Nationalmuseum ist eine der bedeutendsten kulturhistorischen Sammlungen im deutschsprachigen Raum und bietet Besuchern eine faszinierende Reise durch die Geschichte. Mit über 1,3 Millionen Objekten spannt es den Bogen von der Frühgeschichte bis zur Gegenwart und beeindruckt mit einer Vielzahl herausragender Kunstwerke und Exponate.

Besonders hervorzuheben sind die Meisterwerke berühmter Künstler wie Albrecht Dürer, darunter sein frühestes bekanntes Werk, das „Selbstbildnis als Dreizehnjähriger". Auch Werke von Rembrandt und Lucas Cranach dem Älteren sowie das berühmte Gmünder Hochzeitsbild, das lebendige Einblicke ins Mittelalter gibt, sind hier zu finden.

Neben Gemälden beherbergt das Museum kunstvolle Skulpturen, Gold- und Silberschmiedearbeiten sowie wertvolle Möbel und Textilien. Ein besonderes Highlight ist der prächtige Schwabacher Hochaltar, der um 1500 entstanden ist und für seine Detailverliebtheit bewundert wird.

Musikliebhaber kommen in der umfangreichen Sammlung historischer Musikinstrumente auf ihre Kosten. Hier finden sich seltene Instrumente, darunter eine der ältesten erhaltenen Geigen sowie das kunstvoll gestaltete Clavicytherium von 1620.

Auch architektonisch ist das Museum sehenswert: Der moderne Glasbau im Eingangsbereich bildet einen spannenden Kontrast zur historischen Klosteranlage, die einst Teil des Museums war. Diese gelungene Verbindung von Alt und Neu spiegelt die zentrale Idee des Hauses wider – die Bewahrung und Erforschung der Vergangenheit, um die Gegenwart besser zu verstehen.

Ein Besuch im Germanischen Nationalmuseum ist weit mehr als eine Besichtigung – es ist eine eindrucksvolle Zeitreise durch Kunst, Kultur und Geschichte, die Nürnbergs Bedeutung als Zentrum europäischer Kultur eindrucksvoll unterstreicht.

Nach dem sicher beeindruckenden Besuch des Museums gehen wir die Kartäusergasse noch etwas entlang. An der Stadtmauer wenden wir uns links und erreichen so wieder das Parkhaus. Nutzer des öffentlichen Nahverkehrs gehen in der Kartäusergasse gerade aus durch die Stadtmauer und entdecken gleich den Eingang zur U-Bahn-Station Opernhaus.

Nun können Sie selbst entscheiden, welches „Basst scho!" unsere zweite Tour verdient hat. Ist es mehr im Sinne der Anerkennung also ein „sehr gut" oder eher ein mit Schulterzucken verbundenes „Basst scho!" im Sinne von das kann noch besser werden? Aber sicher ist es kein langgezogenes „jo,... basst scho!" im Sinne von „Naja ...ich sag jetzt lieber nichts.

Zumindest haben Sie eins gelernt: „Basst scho!" ist wie ein fränkisches Orakel. Es sagt viel – ohne wirklich was zu sagen. Am besten also auf Mimik und Ton achten – der Inhalt liegt oft zwischen den Zeilen!

DAS HERZSTÜCK

Wos braung mern heit?

Die dritte Einkaufs- und Erlebnistour führt uns in das Herz der Altstadt. Das Quartier umfasst den historischen Stadtkern nördlich der Pegnitz und gehört zu den ältesten Teilen Nürnbergs. Der Hauptmarkt ist das pulsierende Herz der Stadt und vereint auf einzigartige Weise kulturelle und wirtschaftliche Bedeutung. Als historischer Mittelpunkt und beliebter Treffpunkt prägt er das Stadtbild und zieht Einheimische wie Besucher gleichermaßen an. Besonders zur Weihnachtszeit verwandelt sich der Platz in eine märchenhafte Kulisse, wenn der weltberühmte **Christkindlesmarkt** seine Tore öffnet und tausende Lichter erstrahlen.

Ostermarkt am Hauptmarkt

Doch auch das ganze Jahr über ist der Hauptmarkt Schauplatz zahlreicher Veranstaltungen, wie dem **Bardentreffen**, einem renommierten Weltmusik-Festival, dem traditionellen **Ostermarkt** oder dem jährlichen **Nürnberger Stadtlauf**.

Die beeindruckende **Frauenkirche**, die den Platz dominiert, fasziniert mit ihrer spätgotischen Architektur und dem „Männleinlaufen", einem kunstvollen Glockenspiel, das Touristen und Einheimische gleichermaßen täglich um 12:00 Uhr begeistert. Umgeben von Cafés, Restaurants und kleinen Geschäften, bietet der Hauptmarkt ein lebendiges Ambiente und lädt zum Verweilen ein. Auch wirtschaftlich ist er von großer Bedeutung: Der tägliche **Wochenmarkt** lockt mit frischen, regionalen Produkten und erhält eine jahrhundertealte Handelstradition aufrecht.

Erinnerungsplakette an eine berühmte Marktfrau

Der Zauber eines Wochenmarktes entsteht auch durch die Originale der Beschicker. Margarethe Engelhardt war eine echte Nürnberger Legende und die wohl bekannteste Marktfrau der Stadt. Von 1948 bis 1997 prägte sie mit ihrem Gemüsestand das Bild des Hauptmarkts. Fast 50 Jahre lang verkaufte sie dort Kartoffeln, Karotten, Kohl und Eingemachtes – stets mit einem freundlichen Lächeln und ihrem unverwechselbaren fränkischen Charme.

Ihr Stand war nicht nur ein Ort des Handels, sondern auch ein Treffpunkt für viele Nürnberger, die ihre humorvolle Art und ihre herzlichen Gespräche schätzten.

Auch nach ihrem Tod im Jahr 2001 bleibt sie unvergessen. Zu ihren Ehren wurde auf dem Hauptmarkt ein Bronzedenkmal errichtet, das an ihre langjährige Tätigkeit und ihre Bedeutung für das Marktleben erinnert. Es ist nicht nur eine Hommage an eine außergewöhnliche Frau, sondern auch an die traditionelle Markt- und Händlerkultur Nürnbergs, die den Hauptmarkt bis heute lebendig hält. Der Hauptmarkt ist damit nicht nur ein Ort des Handels, sondern auch ein Symbol für die Lebendigkeit und Vielfalt Nürnbergs. Er verbindet Geschichte mit Moderne, Kultur mit Wirtschaft und schafft eine Atmosphäre, die den Charme der Stadt auf besondere Weise erlebbar macht.

Den Hauptmarkt sparen wir uns als Höhepunkt der Tour zunächst auf und nähern uns vom Süden her und entdecken weitere spannende Dinge links und rechts der Pegnitz.

***

Besucher, die mit dem Pkw angereist sind, orientieren sich am Innenstadtring über den *Nürnberger Plärrer Richtung Kaiserburg* und folgen der Ausschilderung zum *Parkhaus Adlerstraße*. Nutzer der öffentlichen Verkehrsmittel nehmen vom *Hauptbahnhof* wieder die *U-Bahn Linie 1* und steigen an der Station *Lorenzkirche* aus und folgen der *Königstraße* bis sie links auf die *Adlerstraße*, unserem gemeinsamen

Startpunkt der Tour, treffen. Sie können auch noch eine Straße weitergehen und biegen links in die *Kaiserstraße* ein und kommen so auch zu unserem ersten Ladenstopp.

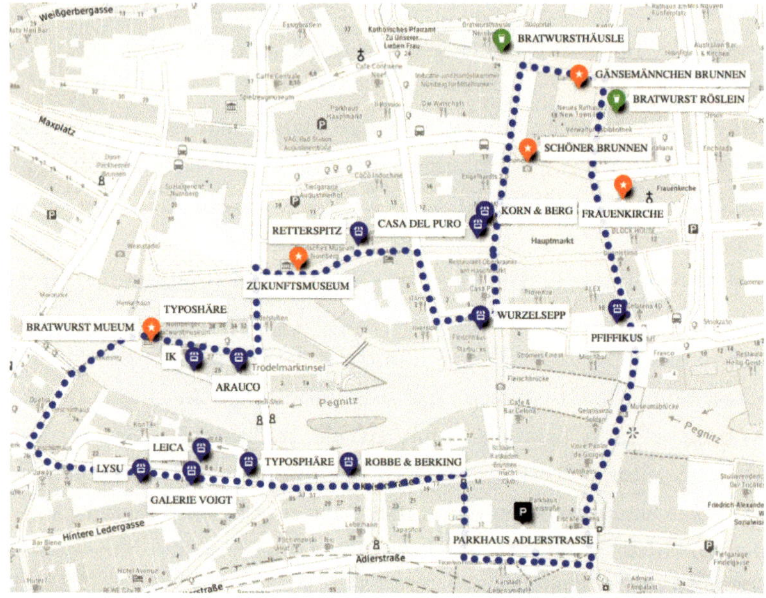

Fußläufiger Zeitbedarf (21')

Vom Parkhaus aus gehen wir noch ein Stück die *Adlerstraße* entlang. Nach wenigen Metern biegen wir rechts in das *Stangengäßchen* ein. Es geht treppab und am Ende treffen wir auf die *Kaiserstraße*. Sie ist eine der exklusivsten Einkaufsstraßen der Stadt und bekannt für hochwertige Boutiquen, edle Modegeschäfte und renommierte Juweliere. Wir wenden uns links und entdecken bald auf der rechten Seite die Silbermanufaktur **Robbe & Berking**.

Robbe & Berking steht seit 1874 für höchste Handwerkskunst und exklusive Silberwaren. In fünfter Generation familiengeführt, fertigen erfahrene Silberschmiedemeister zeitlose Bestecke, Tafelsilber und edles Yachtzubehör – ausschließlich von Hand. Jedes Stück vereint traditionelle Kunstfertigkeit mit modernem Luxus und bleibt über Generationen hinweg ein Symbol für Stil und Qualität. Als Marktführer im Silberbesteck ist Robbe & Berking die erste Wahl der besten Häuser weltweit. Der Showroom in Nürnberg lädt Liebhaber feinster Tischkultur zum Entdecken ein.

Wenn die *Kaiserstraße* einen leichten Knick nach links macht befinden wir uns an der Weggabelung *Obere Wörthstraße / Zur Karlsbrücke*. An dieser Straßenecke begrüßt uns das Modegeschäft **typosphäre concept**.

Das Modekonzept von typosphäre vereint zeitgemäße Ästhetik mit kreativer Innovation. Es positioniert sich als Begegnungsstätte für Modeinteressierte, in der ausgesuchte Kollektionen, nachhaltige Designs und urbaner Lifestyle im Mittelpunkt stehen. Mit klarem Fokus auf Qualität und Individualität schafft typosphäre einen inspirierenden Raum, in dem modische Erlebnisse und Trends zu lebendigen Geschichten werden.

Wir wenden uns wieder dem kunstvollen Handwerk zu, indem wir einfach geradeaus in die *Obere Wörthstraße* weiter hinein gehen. Dort erwartet uns die **Galerie Voigt Schmuck**.

Die Schmuckgalerie, 1972 gegründet, zählt heute zu den führenden Schmuckgeschäften in Deutschland. In stilvollem Ambiente bietet sie eine exklusive Auswahl international renommierter Marken und Designer. Inhaberin Eva Grossmann und ihr Sohn Björn Grossmann, passionierte Liebhaber des schönen Lebens, präsentieren mit ihrem hervorragenden Geschmack stets die besten Schmuckstücke. Besonders die „Mix and Match"-Kollektionen von Bron begeistern Eva Grossmann und spiegeln sich in der sorgfältigen Auswahl für ihr Geschäft wider.

Gegenüber der Schmuck Galerie entdecken wir den **Leica Store**.

Der Leica Store und die Leica Galerie Nürnberg sind seit 2010 eine feste Anlaufstelle für Fotografie-Begeisterte. Hier erwartet Besucher nicht nur das komplette Leica-Sortiment, sondern auch erstklassige Beratung und ein inspirierendes Umfeld.

Dank der langjährigen Partnerschaft mit Leica profitieren Kunden von Fachwissen und exklusivem Service. Besonders die Galerieräume laden dazu ein, faszinierende Fotografien in einer entspannten Atmosphäre zu entdecken – ganz ohne Kaufdruck. Auf über 200 Quadratmetern wird die Leidenschaft für Fotografie erlebbar, sei es durch wechselnde Ausstellungen oder die Möglichkeit, Kameras und Zubehör direkt vor Ort zu testen.

Das war wohl eher was für große „Kinder", jetzt sind die Kleinen dran. Wir wechseln wieder die Straßenseite und schräg gegenüber lädt uns ein interessanter Concept Store zu einem Besuch ein, das **Lysu**.

Lysu ist Nürnbergs erster Concept Store für nachhaltige Kindermode – aus Liebe zum Kind und Respekt vor Mensch und Natur. Hier gibt es zeitlose, schöne Kleidung aus fairer Produktion und natürlichen Materialien, bevorzugt aus ökologischem Anbau und frei von schädlichen Zusätzen. Transparenz steht im Fokus: Herkunft, Herstellung und Materialien sind genau geprüft. Auch für schwierige Produkte wie Matschhosen wird die beste nachhaltige Alternative gesucht. Bei Lysu finden Eltern hochwertige Mode, die Geborgenheit schenkt – organic, fair & fabulous.

Jetzt machen wir uns auf den Weg, das erste Mal die Pegnitz zu überqueren. Keine Sorge, das geht leicht, denn Nürnberg verfügt über eine stattliche Anzahl von Brücken. Wir gehen bis zum *Unschlittplatz* weiter und biegen gleich rechts ein und dürfen eine ganz besondere Brücke bestaunen, den *Henkersteg*, die einzige Holzbrücke in der Altstadt. Genießen Sie ruhig die schönen Ausblicke links und rechts der Brücke. Am Ende der Brücke steht der Henkersturm und rechts davon erwartet uns eine weitere Nürnberger Besonderheit, das **Bratwurstmuseum**.

Von außen wirkt das Museum recht klein, aber die Nürnberger Rostbratwürste glänzen ja auch nicht durch deren Größe, sondern deren Inhalt. So ist es auch bei diesem Museum.

Das Bratwurstmuseum entführt Besucher in die über 700-jährige Geschichte der berühmten Nürnberger Rostbratwurst. Auf rund 100 Quadratmetern erfährt man spannende Details über ihre Ursprünge im Hochmittelalter sowie die zahlreichen Legenden, die sich um die kleine, aber geschmacksintensive Spezialität ranken.

Ein besonderer Schwerpunkt liegt auf der traditionellen Handwerkskunst der Nürnberger Metzger. Historische Exponate, darunter alte Gerätschaften und Dokumente aus vergangenen Jahrhunderten, zeigen, welche strengen Qualitäts- und Herstellungsrichtlinien bis heute für die Bratwurst gelten. Anschaulich gestaltete Schautafeln, digitale Präsentationen und beeindruckende Ausstellungsstücke lassen die Geschichte lebendig werden.

Das Museum bietet eine unterhaltsame und zugleich informative Reise durch die Welt der Bratwurst. Internationale Besucher können sich per Audioguide informieren, und mit etwas Glück gibt es sogar eine spontane Führung. Ob für Feinschmecker oder Geschichtsinteressierte – ein Besuch lohnt sich in jedem Fall.

Jetzt sind wir auf dem *Trödelmarkt* angekommen. Der Trödelmarkt verdankt seinen Namen der historischen Nutzung der kleinen Insel in der Pegnitz. Bereits im Mittelalter war dieser Ort ein Handelsplatz, an dem vor allem gebrauchte Waren, Krimskrams und Trödel verkauft wurden. Daher bürgerte sich der Name „Trödelmarkt" ein. Früher hieß die Insel „Sattlerinsel", da hier viele Sattler und Lederhandwerker ansässig waren. Später entwickelte sich der Markt zu einem beliebten Ort für den Handel mit Gebrauchtwaren. Auch heute noch erinnert der Name an diese lange Tradition, auch wenn der Trödelmarkt heute eher für seine charmanten kleinen Läden, Cafés und Boutiquen bekannt ist als für den klassischen Trödelhandel.

Dies trifft auch auf den Modeladen **IK Selection** zu. Der sich nur ein paar Meter neben dem Bratwurstmuseum befindet.

IK Selection am Trödelmarkt ist kein gewöhnlicher Modeladen – er ist eine Schatzkammer für exklusive Mode. Hier findet man handverlesene, außergewöhnliche Stücke, die sich durch Stil, Qualität und Individualität auszeichnen. Statt Massenware gibt es einzigartige Designs, oft von kleinen Labels oder unabhängigen Designern. Die Atmosphäre ist persönlich, die Beratung individuell – ein Ort für Menschen, die Mode als Ausdruck ihrer Persönlichkeit sehen.

Drei Häuser weiter wird uns Kunst, Schmuck und Wein bei **ARAUCO** geboten.

Die Galerie ARAUCO, seit 1993 von Alejandro Franco und Annette Bausewein betrieben, zeigt auf mehreren Ebenen in einem nur 3 m breiten Haus die Kunst und Kultur Lateinamerikas – von Mexiko bis Feuerland. Sie präsentiert international anerkannte Künstler und deutsche Künstler mit Bezug zu Lateinamerika. Das Angebot umfasst zudem exklusiven Schmuck, innovative Designs von Goldschmieden, edle Weine aus Südamerika sowie die Expertise im Bereich Lapislazuli-Schmuck. Eine einzigartige Verbindung von Kunst, Kultur und hochwertigem Design.

Wir verlassen die Insel, wenden uns Richtung Norden, überqueren die *Trödelmarktbrücke* und biegen an deren Ende rechts in den *Augustinerhof* ein.

Der **Augustinerhof** in Nürnberg ist heute ein modernes Stadtquartier mitten in der historischen Altstadt, das Tradition und Innovation vereint. Er beherbergt das Deutsche Museum Nürnberg – Das Zukunftsmuseum, ein Ableger des berühmten Deutschen Museums in München, sowie das gehobene Hotel Karl August und verschiedene Gastronomie- und Einzelhandelsangebote. Damit hat sich der Augustinerhof zu einem bedeutenden Anziehungspunkt für Touristen und Einheimische entwickelt.

Historisch geht der Name auf das Augustinerkloster zurück, das sich hier vom 13. bis ins 16. Jahrhundert befand. Nach der Reformation wurde das Kloster aufgelöst, und das Gelände diente über die Jahrhunderte verschiedenen Zwecken. Im Zweiten Weltkrieg wurde der Bereich stark zerstört, und die Nachkriegsbebauung konnte nie richtig überzeugen. Erst die Neugestaltung durch den Nürnberger Unternehmer Gerd

Schmelzer brachte neues Leben in das Quartier, das nun moderne Architektur mit historischer Bedeutung verbindet.

Gleich zu Beginn des Platzes befindet sich - **Das Zukunftsmuseum**.

Es entführt seine Besucher in die Welt von morgen und zeigt auf spannende Weise, wie Innovationen unser Leben verändern werden. Als Ableger des Deutschen Museums München widmet es sich zukunftsweisenden Technologien aus den Bereichen Künstliche Intelligenz, Robotik, Raumfahrt, Mobilität, Medizin und Nachhaltigkeit.

Das Zukunftsmuseum im Augustiner Hof

Besonders beeindruckend sind die interaktiven Erlebnisse, die es ermöglichen, Prototypen und aktuelle Forschungsprojekte hautnah zu entdecken. Besucher können mit einem humanoiden Roboter interagieren, Virtual-Reality-Welten erkunden oder neuartige Mobilitätskonzepte testen. Ergänzt wird das Angebot durch wechselnde Sonderausstellungen, die immer neue Einblicke in wissenschaftliche Entwicklungen bieten. Mit zahlreichen Mitmachstationen macht das Zukunftsmuseum technologische

Fortschritte greifbar und begeistert Jung und Alt für die Welt von morgen.

Wir sehen uns ein wenig im Augustinerhof um und entdecken bald den durch das Ladendesign auffälligen Flagship-Store von **Retterspitz**.

Im Herzen Nürnbergs öffnete Retterspitz 2021 erstmals die Türen seines Flagship-Stores – eine Hommage an 120 Jahre Tradition und Innovation. 2023 mit zwei Design-Awards gekrönt, steht der Store für Nähe, Authentizität und gelebte Nachbarschaft. Einst Heilmittel der Großmutter, heute ikonische Apothekenmarke für natürliches Wohlbefinden. Hier wird Geschichte spürbar: Altbewährtes trifft auf Gegenwart – für Pflege, die bleibt.

Wir verlassen den *Augustinerhof* und wenden uns in der *Winklerstraße* zunächst rechts und gleich wieder links. An der nächsten Hausecke rechts können wir ein traditionsreiches Nürnberger Handelshaus erleben, den **Wurzelsepp**.

Das Kräuterhaus besteht seit 1935 und versorgt Einheimische und Besucher mit hochwertigen Kräutern, Tees, Gewürzen und Naturheilmitteln. Der Wurzelsepp entführt seine Besucher in eine bunte Welt der Gewürze, Tees, Öle und Düfte. In diesem Feinkostladen, nahe am Hauptmarkt, erwarten uns 350 Gewürze, 450 Teesorten und eine Auswahl an edlen Parfums und Süßigkeiten. Besonders beliebt sind die handgefertigten Macarons, inspiriert von einem Paris-Erlebnis. Neben klassischen Gewürzen wie dem „Fränkischen Gaumenschmeichler" bietet Wurzelsepp auch einzigartige Mischungen, die mit viel Liebe zum Detail entwickelt werden. Wir befinden uns in einem Ort für kulinarische Entdeckungen – ein Genuss für alle Sinne.

Vom Wurzelsepp gehen wir weder zurück Richtung *Hauptmarkt* und erreichen für Freunde des gepflegten Zigarrenabends das **Casa del Puro**. Der Zutritt erfolgt über die Tuchgasse und vom Obergeschoss kann man einen schönen Blick auf den lebendigen Hauptmarkt genießen.

Casa del Puro bietet ein exklusives Sortiment an Zigarren höchster Qualität aus verschiedenen Ländern wie Nicaragua, Honduras und der Dominikanischen Republik an. Als **Davidoff Ambassador** führt es zudem eine breite Auswahl an Davidoff-Zigarren und -Spezialitäten. Darüber hinaus sind dort auch exklusive Produkte von **La Casa del Habano** erhältlich, die für ihre kubanischen Zigarren bekannt sind.

Neben dem Verkauf bietet im 2. Obergeschoss die La Casa del Habano Lounge Platz für etwa 60 Personen. Perfekt für private Feiern oder geschäftliche Events, verbindet sie kubanisches Flair mit erstklassigem Service, erlesenen Getränken und optionalem Premium-Catering. Exquisite Zigarren aus Kuba und weiteren Provinzen runden das Erlebnis ab. Aufgrund des Nichtraucherschutzgesetzes steht die Lounge ausschließlich für geschlossene Gesellschaften zur Verfügung.

Wir verlassen die *Tuchgasse* und stoßen nun auf den *Hauptmarkt*. Im selben Gebäude wie das Zigarrengeschäft, aber nun mit Zugang über den Hauptmarkt, treffen wir auf die älteste Buchhandlung Deutschlands (gegründet 1531), die Universitätsbuchhandlung **Korn & Berg**.

Auf zwei Etagen erwartet die Kunden eine exklusive Auswahl an Reiseliteratur, Belletristik und Sachbüchern. Mit ihrem reichhaltigen Sortiment und besonderen Veranstaltungen wie Lesungen trägt die traditionsreiche Buchhandlung zur kulturellen Vielfalt der Stadt bei.

Wir lassen unseren Blick über den Hauptmarkt schweifen und werden gefangen von der Farbenpracht des **Schönen Brunnens**.

Der Schöne Brunnen ist eines der bekanntesten Wahrzeichen der Stadt.

Der Schöne Brunnen

Errichtet im 14. Jahrhundert (um 1385-1396) von Heinrich Beheim, sollte er ursprünglich als Teil der Wasserversorgung dienen, wurde aber letztlich ein rein dekoratives Bauwerk.
Die 40 Figuren umfassende, gotische Pyramidenform des Brunnens erinnert an eine Kirchturmspitze und symbolisiert das mittelalterliche Weltbild.

Die vier Ebenen des Brunnens zeigen unter anderem Philosophen, Kirchenväter, Propheten und die Kurfürsten, die für die Wahl des Kaisers zuständig waren. An der Umrandung befinden sich zwei drehbare Messingringe, denen eine Glück bringende Wirkung nachgesagt wird – besonders der goldene Ring ist bei Touristen und Einheimischen beliebt.

Laut einer Legende soll es Glück bringen, den goldenen Ring dreimal zu drehen und sich dabei etwas zu wünschen. Besonders bekannt ist der Glaube, dass das Drehen des Rings Kindersegen oder eine glückliche Ehe bringen soll. Eine weitere Geschichte besagt, dass ein Nürnberger Schmiedegeselle den Ring einst heimlich in das Gitter eingearbeitet haben soll – als Meisterstück seiner Kunstfertigkeit, ohne dass die Auftraggeber es bemerkten. Ob diese Erzählung wahr ist oder nicht, bleibt unklar, aber sie trägt zur Mystik des Brunnens bei.

Heute drehen täglich viele Besucher die glänzend polierten Ringe, in der Hoffnung auf Glück, Wohlstand oder die Erfüllung eines Wunsches.

Der Brunnen wurde im Laufe der Jahrhunderte mehrfach restauriert. Um das Original zu schützen, ersetzte man es im 19. Jahrhundert durch eine Kopie, während die Originalfiguren im Germanischen Nationalmuseum aufbewahrt werden. Heute ist der Schöne Brunnen nicht nur ein beliebtes Fotomotiv, sondern auch ein Symbol für die reiche Geschichte und Handwerkskunst Nürnbergs.

Im Bratwurstmuseum haben wir schon von ihr gehört, auf dem Hauptmarkt hat uns deren Duft verführt und jetzt wird es Zeit zum Besuch einer Wirtschaft, in der die Nürnberger Rostbratwurst auf den Tisch kommt.

Die Nürnberger Bratwurst ist eine der bekanntesten Spezialitäten der Stadt und hat eine über 700-jährige Tradition. Bereits 1313 wurde sie erstmals urkundlich erwähnt. Im Gegensatz zu anderen Bratwürsten ist sie mit nur 7 bis 9 cm Länge und etwa 25 g Gewicht besonders klein, dafür aber intensiv im Geschmack. Ihr feines Aroma verdankt sie einer traditionellen Würzmischung aus Majoran, Salz, Pfeffer und Muskat.

Hergestellt wird sie ausschließlich in Nürnberg – nur hier produzierte Bratwürste dürfen den geschützten Namen "Nürnberger Rostbratwurst" tragen. Typischerweise werden sie auf einem Rost über offenem Buchenholzfeuer gegrillt, wodurch sie ihr einzigartiges Röstaroma erhalten. Serviert werden sie klassisch "Drei im Weckla" – drei Bratwürste im knusprigen Brötchen – oder auf dem Teller mit Sauerkraut, Kartoffelsalat oder Meerrettich.

Auch in der Zubereitung gibt es Variationen: Die "Sauren Zipfel" sind in Essigsud gegarte Bratwürste, die eine herzhafte Alternative zur gegrillten Variante bieten. Ob rustikal am Marktstand oder stilvoll im Traditionslokal – die Nürnberger Bratwurst ist ein echtes Stück fränkischer Genusskultur.

Auf unserer Tour befinden sich zwei traditionsreiche Gaststätten, die sich auf Bratwürste spezialisiert haben. Die erste erreichen wir, indem wir vom Schönen Brunnen am Haus der Wirtschaft der IHK Nürnberg für Mittelfranken vorbei gehen und dem Burgberg zustreben. Gleich neben dem IHK-Gebäude empfängt uns das rustikal gestaltete **Bratwursthäusle**.

Ein Besuch im Bratwursthäusle ist mehr als nur eine Mahlzeit – es ist ein echtes Stück Nürnberger Kultur. Seit 1313 werden hier nach traditionellem Rezept die berühmten Nürnberger Rostbratwürste handwerklich hergestellt und über offenem Buchenholzgrill gegrillt - eine seltene Zubereitungsmethode, die für das unvergleichliche Aroma sorgt.

Schon beim Näherkommen steigt einem der verführerische Duft in die Nase, der untrennbar mit der Stadt verbunden ist. Betritt man das Gasthaus, taucht man sofort in eine urige, fränkische Atmosphäre ein – ein Ort, an dem Jung und Alt, Einheimische und Gäste zusammenkommen, um beste fränkische Spezialitäten zu genießen.

Die Bratwürste aus der eigenen Metzgerei überzeugen durch höchste Qualität und handwerkliche Perfektion. Dazu ein frisch gezapftes fränkisches Bier, und das kulinarische Glück ist perfekt.

Nicht nur der Geschmack, sondern auch die Lage macht das Bratwursthäusle zu einem besonderen Erlebnis: Die Terrassen bieten einen herrlichen Blick auf das historische Nürnberg – mit Rathaus, Sebalduskirche und dem geschäftigen Treiben des Hauptmarkts.

Schräg gegenüber der Gaststätte geht uns über eine schmale Gasse zum *Rathausplatz*. In der Mitte des Platzes entdecken wir den **Gänsemännchenbrunnen**.

Der Gänsemännchenbrunnen ist ein bekanntes Wahrzeichen der Stadt und fasziniert durch seine detailreiche Gestaltung sowie seine symbolische Bedeutung. Er wurde 1550 von Bildhauer Pankraz Labenwolf geschaffen und zeigt einen fränkischen Bauern, der unter beiden Armen je eine Gans hält, während das Wasser aus deren Schnäbeln sprudelt.

Seine Berühmtheit verdankt der Brunnen nicht nur seiner meisterhaften handwerklichen Ausführung, sondern auch seiner humorvollen Darstellung. Die Figur des Gänsemännchens verkörpert den typischen Nürnberger Handelstreibenden – bodenständig, geschäftstüchtig und mit einem Augenzwinkern. Die feine Bronzeplastik gilt als eines der schönsten Beispiele der Spätrenaissance-Kunst in Nürnberg.

Aufgrund seines künstlerischen und historischen Werts wurden zahlreiche Kopien angefertigt, darunter eine in Weimar. Diese steht dort seit 1912 als Zeichen der kulturellen Verbindung zwischen Nürnberg und Weimar. Auch in anderen Städten wie Berlin oder München sind Nachbildungen des Gänsemännchens zu finden, was seinen Ruf als eines der ikonischsten Nürnberger Kunstwerke unterstreicht.

Der Gänsemännchenbrunnen am Rathausplatz

Im Sommer werden Ihnen die Sonnenschirme und die Biergartenbestuhlung um den Brunnen bereits aufgefallen sein. Die einladende Ausstattung gehört zu einem weiteren Bratwurstrestaurant, das **Bratwurst Röslein**.

Das Bratwurst Röslein ist das größte Bratwurst-Restaurant der Welt und eine Institution für fränkische Gastlichkeit. Direkt in der Altstadt, nur wenige Schritte vom Hauptmarkt entfernt, bietet es Platz für über 600 Gäste im Innenbereich sowie weitere 250 auf der Biergarten-Terrasse. Das Lokal ist zweifellos ein Magnet für Touristen – schließlich liegt es mitten in der Altstadt, nur wenige Schritte vom Hauptmarkt entfernt. Gerade in der Hochsaison oder während des Christkindlesmarkts sind viele Besucher aus aller Welt dort zu Gast.

Dennoch schafft es das Röslein, auch Einheimische anzusprechen. Das liegt an der soliden fränkischen Küche, den traditionell zubereiteten Bratwürsten und der großen Kapazität, die es ermöglicht, auch größere Gruppen zu bewirten. Allerdings kann der hohe Tourismusanteil dazu führen, dass es geschäftiger und weniger persönlich wirkt als kleinere, urige Bratwurstlokale wie das Bratwursthäusle. Wer jedoch eine zentrale, gesellige Location mit typisch fränkischem Essen sucht, ist im Bratwurst Röslein gut aufgehoben.

Wir verlassen den *Rathausplatz* in Richtung *Hauptmarkt* und kommen bei der wohl bekanntesten Nürnberger Sehenswürdigkeit an, der **Frauenkirche**.

Die Frauenkirche am Nürnberger Hauptmarkt ist eines der eindrucksvollsten gotischen Bauwerke der Stadt und besitzt eine besondere historische sowie künstlerische Bedeutung. Sie wurde ab 1352 auf Geheiß von Kaiser Karl IV. errichtet und steht an einem geschichtsträchtigen Ort: Hier befand sich einst die jüdische Synagoge, die 1349 während eines Pogroms zerstört wurde.

Die Frauenkirche mit dem Wochenmarkt

Besonders bemerkenswert ist die kunstvolle Fassade mit der Männleinlaufen-Uhr. Dieses mechanische Schauspiel findet täglich um 12 Uhr statt und erinnert an die Verleihung der Goldenen Bulle von 1356. Dabei umkreisen sieben Kurfürsten eine Figur von Kaiser Karl IV., was symbolisch für die Wahl des römisch-deutschen Kaisers steht.

Auch im Inneren beeindruckt die Frauenkirche mit ihrem hohen Chor, bedeutenden Kunstwerken und wertvollen Altären. Nicht zuletzt ist sie ein wichtiger Ort für Veranstaltungen: So wird jedes Jahr von ihrem Balkon aus der berühmte Christkindlesmarkt eröffnet.

Der Markt geht bis ins 16. Jahrhundert zurück. Hier sucht man blinkende Plastikdeko vergeblich – das Angebot konzentriert sich auf traditionelle Handwerkskunst, echte Lebkuchen, Holzspielzeug, Rauschgoldengel und regionale Spezialitäten. Die Marktstände aus rot-weiß gestreiftem Stoff schaffen ein stimmungsvolles, einheitliches Bild, das für viele das "Original Weihnachtsmarktgefühl" ist.

Rechts direkt neben der Frauenkirche finden wir die Erinnerungstafel der Marktfrau Margarethe, wie in der Einführung zur Tour bereits erwähnt. Wir verlassen den *Hauptmarkt Richtung Pegnitz* und entdecken nach wenigen Metern rechts den Spielzeugladen **Pfiffikus**.

Seit 1985 begeistert Pfiffikus als familiengeführtes Spielwarengeschäft in der Nürnberger Innenstadt Kinder und Erwachsene gleichermaßen. Gegründet von Eltern und Pädagogen, legt das Team großen Wert auf hochwertige Produkte, Fair Trade und Nachhaltigkeit. Ob vor Ort oder online – das Einkaufserlebnis steht im Mittelpunkt. Im Laden können Spielzeuge angefasst und ausprobiert werden, während die kompetenten Mitarbeiter mit Freude und Expertise beraten. Pfiffikus verfolgt stets die neuesten Trends und Entwicklungen im Spielzeugbereich.

Direkt gegenüber fällt uns eine weitere Skulptur auf. Der Narrenschiffbrunnen in Nürnberg ist eine eindrucksvolle Bronzeskulptur des Bildhauers Jürgen Weber, die zwischen 1984 und 1987 entstand. Die 3,60 Meter hohe Skulptur zeigt ein überladenes Boot mit verschiedenen Figuren, darunter ein Skelett, ein Hund sowie Adam und Eva.

Diese Darstellung symbolisiert eine vom Untergang bedrohte Welt und kritisiert menschliche Torheiten. Obwohl ursprünglich als funktionierender Brunnen konzipiert, wurde die Skulptur trocken aufgestellt.

Das Narrenschiff

Unsere Tour geht zu Ende. Gemütlich bummeln wir noch über die Museumsbrücke, genießen dabei noch einen schönen Blick auf das Heilig-Geist-Spital.

Das Heilig-Geist-Spital an der Pegnitz mit Detail Museumsbrücke

Dann kehren wir unseren Ausgangspunkten dem Parkhaus Adlerstraße oder der U-Bahn-Station Lorenzkirche zurück.

An keinem anderen Ort als im lebendigen Gewimmel rund um den Hauptmarkt kann man den typischen Herzschlag der Stadt fühlen. Hier kann man das fränkische Lebensgefühl aufsaugen. Hier begegnen sich touristische Begeisterung und fränkische Besonnenheit. Das Nürnberger Lebensgefühl ist eine charmante Mischung aus Geschichte, Genuss und Gelassenheit – mit einem Schuss fränkischem Selbstbewusstsein und einer Prise Understatement. Hier trifft mittelalterliche Kulisse auf modernes Stadtleben, Fachwerk auf Street Art, Bratwurstbude auf Sterneküche. Das Lebensgefühl in Nürnberg ist geprägt von einer bodenständigen Weltoffenheit: Die Menschen wirken im ersten Moment vielleicht etwas zurückhaltend, aber wer sich auf sie einlässt, erlebt echte Herzlichkeit, einen trockenen Humor und eine klare Haltung. Die Stadt atmet Geschichte, ohne altmodisch zu sein – und ist gleichzeitig kreativ, lebendig und vielfältig.

***

IM BURGVIERTEL

Ganz obm am Berch
liegt dem Dürer sei Hoos

Die Kaiserburg Nürnberg ist das Wahrzeichen der Stadt und ein bedeutendes Symbol der deutschen Geschichte. Sie thront majestätisch über der Altstadt und prägt das Stadtbild seit Jahrhunderten. Ihre historische Bedeutung liegt vor allem in ihrer Rolle als eine der wichtigsten Kaiserpfalzen des Heiligen Römischen Reiches. Vom 12. bis zum 16. Jahrhundert war Nürnberg regelmäßig Schauplatz kaiserlicher Hoftage, und mehrere deutsche Könige und Kaiser hielten sich hier auf.

Blick von der Königstraße (Höhe Lorenzkirche) zur Kaiserburg

Heute ist die Kaiserburg eine der meistbesuchten Sehenswürdigkeiten Nürnbergs. Sie bietet einen einzigartigen Einblick in das mittelalterliche Leben und die Machtstrukturen des Reiches. Besonders beeindruckend sind der Tiefe Brunnen, die Kaiserliche Kemenate und der Sinwellturm, von dem aus man einen spektakulären Blick über die Stadt hat. Zudem beherbergt die Burg ein Museum, das sich mit der Geschichte Nürnbergs und der Burganlage selbst beschäftigt.

Der **Burgberg in Nürnberg** ist weit mehr als nur der Standort der berühmten Kaiserburg – er ist ein Ort mit einzigartigem Flair, der

51

Geschichte, beeindruckende Architektur und atemberaubende Ausblicke vereint.

Ein Spaziergang auf den Burgberg führt durch idyllische Gassen mit Fachwerkhäusern, alte Stadtmauern und verwinkelte Plätze. Besonders die **Weinmarktgasse** oder der **Tiergärtnertorplatz** mit seinen gemütlichen Cafés und traditionellen Gasthäusern laden zum Verweilen ein. Der Aufstieg wird mit einem atemberaubenden Panorama über die Dächer Nürnbergs belohnt.

Blick auf den Tiergärtnertorplatz

Neben der historischen Kaiserburg findet man hier auch den **Burggarten**, eine grüne Oase mitten in der Stadt, die besonders im Frühling und Sommer zum Spazieren und Entspannen einlädt. Die Mischung aus mittelalterlichem Flair, historischen Sehenswürdigkeiten und der lebendigen Atmosphäre macht den Burgberg zu einem der attraktivsten Orte in Nürnberg.

***

Mit dem Pkw angereiste Besucher starten die 4. Tour durch die Nürnberger Innenstadt im *Parkhaus Hauptmarkt*. Nutzer öffentlicher Verkehrsmittel steigen vom *Hauptbahnhof* in die *U-Bahn-Linie 3* Richtung Nürnberg-Großreuth ein. Dem folgt an der *Haltestelle Plärrer* der Umstieg in die *Straßenbahn Linie 10* Richtung Wegfeld. An der *Station Hallerstraße* steigen Sie aus und starten mit der Tour in der *Weißgerbergasse* oder gehen über den *Maxplatz* und der *Weintraubengasse* zum Spielwarenmuseum.

Haben Sie ihr Fahrzeug im *Parkhaus Hauptmarkt* abgestellt, dann verlassen Sie das Parkhaus an der *Schustergasse*, wenden sich links und stehen an der nächsten Kreuzung direkt vor dem Spielzeugmuseum.

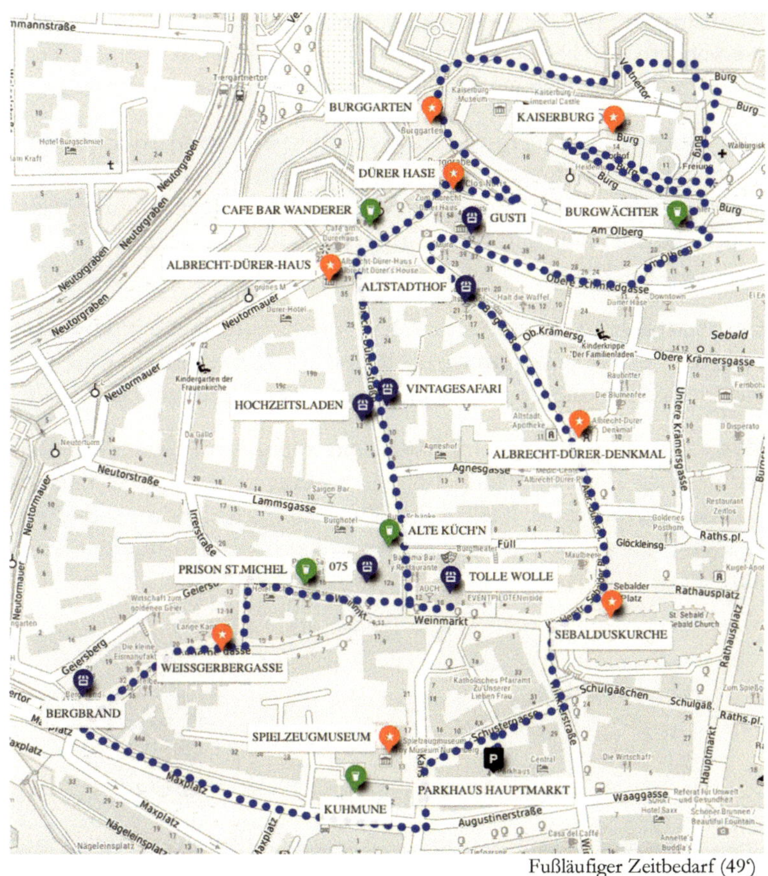

Fußläufiger Zeitbedarf (49')

Ein Besuch im **Spielzeugmuseum Nürnberg** ist eine Reise in die Kindheit und ein spannendes Erlebnis für alle Generationen. Als eine der bedeutendsten Sammlungen weltweit bietet das Museum einen faszinierenden Überblick über die Geschichte des Spielzeugs – von historischen Puppenstuben und Zinnfiguren bis hin zu klassischen Blechspielwaren und modernen Spieltrends.

Besonders beeindruckend ist die große Auswahl an Spielzeug aus Nürnberger Produktion, denn die Stadt war über Jahrhunderte ein Zentrum der Spielzeugherstellung. Neben liebevoll gestalteten Puppenhäusern und Dampfmaschinen kann man hier auch seltene Teddybären, Holzspielzeug und erste Modelleisenbahnen entdecken.

Das Museum lädt nicht nur zum Staunen ein, sondern auch zum Mitmachen – in interaktiven Bereichen können Besucher selbst spielen und ausprobieren. Die Sonderausstellungen greifen spannende Themen auf und bieten immer wieder neue Einblicke in die Welt des Spielzeugs.

Ob Nostalgie, Sammlerleidenschaft oder einfach die Freude am Spielen – das Spielzeugmuseum begeistert kleine und große Gäste gleichermaßen und gehört zu den kulturellen Highlights der Stadt.

Wir verlassen das Museum, halten uns rechts und biegen sogleich rechts in die *Weintraubengasse* ein. Nach wenigen Schritten stehen wir vor der **Kuhmuhne**. Vielleicht haben Sie nach der Anreise schon Hunger oder Sie sparen sich dieses Lokal bis zum Ende der Tour auf.

Die Kuhmuhne ist weit mehr als nur eine Kneipe – sie ist ein echtes Kultlokal mit einer einzigartigen Mischung aus Gemütlichkeit, kreativem Konzept und guter Stimmung. Der Name spielt augenzwinkernd auf eine „Kommune" an, in der man sich wie unter Freunden fühlt, und die rustikale, aber dennoch stylische Einrichtung sorgt für eine entspannte Atmosphäre.

Besonders beliebt ist die Kuhmuhne für ihr breites Angebot an regionalen Bieren, kreative Cocktails und herzhafte Speisen – von deftigen Burgern bis hin zu vegetarischen Leckerbissen. Die freundlichen Gastgeber und das ungezwungene Flair machen sie zu einem Treffpunkt für Jung und Alt.

Ob für einen gemütlichen Feierabenddrink, eine gesellige Runde mit Freunden oder einfach, um neue Leute kennenzulernen – die Kuhmuhne gehört zu den Lieblingskneipen vieler Nürnberger und ist immer einen Besuch wert.

Wir gehen noch ein Stück in der *Weintraubengasse* entlang und erreichen den *Maxplatz*, der eine kleine Grünanlage mit zwei Brunnen in sich birgt. Gleich am Beginn der Anlage befindet der Dürer-Pirckheimer-Brunnen, der 1821 nach einem Entwurf von Carl Alexander von Heideloff errichtet wurde. Dieser klassizistische Brunnen ehrt den Maler Albrecht Dürer und den Humanisten Willibald Pirckheimer mit vergoldeten Medaillons ihrer Bildnisse.

Der Tritonbrunnen

In der Mitte der Grünfläche steht der Tritonbrunnen, ein bedeutendes barockes Kunstwerk. Errichtet im Jahr 1687, zeigt er die mythologische Figur des Tritons, der aus einer Muschel Wasser speit. Der Brunnen orientiert sich an der römischen Fontana del Tritone von Gian Lorenzo Bernini. Der Tritonbrunnen ist der einzige erhaltene Barockbrunnen in der Nürnberger Altstadt.

Am Ende des *Maxplatzes* biegen wir rechts in die *Weißgerbergasse* ein.

Blick in das Fachwerkensemble der Weißgerbergasse

Gleich zu Beginn fällt uns ein Laden auf, dessen Außenbestuhlung im Sommer gut besucht ist, die **BERGBRAND** Kaffeerösterei.

Der Inhaber Jörg Scheuffler lebt für Kaffee. Seine Reise begann in der Gastronomie, führte ihn durch die Welt und ließ ihn schließlich in einer kleinen italienischen Rösterei seine wahre Leidenschaft entdecken. 2010 gründete er BERGBRAND – ein Name, der Natur und Kaffee vereint. Nachhaltigkeit und Fairness sind sein Fundament. Mit Hingabe und Zeit perfektioniert er jede Bohne im Trommelröstverfahren. Das Ziel: Kaffee, der seinen Ursprung schmecken lässt.

Wir gehen in der *Weißgerbergasse* weiter bergan.

Die Weißgerbergasse ist eine der schönsten und ursprünglichsten Straßen Nürnbergs. Sie besticht durch ihre malerische Kulisse mit zahlreichen Fachwerkhäusern, die aus dem Mittelalter stammen und heute liebevoll restauriert sind. Die Gasse ist eines der wenigen Viertel der Altstadt, das die Zerstörungen des Zweiten Weltkriegs weitgehend überstanden hat und somit einen authentischen Einblick in das historische Nürnberg bietet.

Früher war die Weißgerbergasse das Zentrum des Gerberhandwerks, insbesondere für Weißgerber, die feines Leder verarbeiteten. Heute ist sie eine beliebte Flaniermeile mit charmanten Cafés, kleinen Läden, Galerien und urigen Bars.

Der Verein der Altstadtfreunde Nürnberg spielt eine entscheidende Rolle bei der Erhaltung und Restaurierung der Weißgerbergasse sowie vieler weiterer historischer Gebäude in der Nürnberger Altstadt. Durch ihr Engagement konnte die Gasse in ihrer einzigartigen mittelalterlichen Schönheit bewahrt werden.

Die Altstadtfreunde setzen sich aktiv für den Erhalt der denkmalgeschützten Fachwerkhäuser ein, retten gefährdete Gebäude vor dem Verfall und sorgen für eine fachgerechte Sanierung. Dank ihrer Arbeit ist die Weißgerbergasse heute eine der am besten erhaltenen historischen Straßen Nürnbergs und ein beeindruckendes Beispiel für die gelungene Verbindung von Denkmalpflege und lebendiger Stadtentwicklung.

Wir flanieren in bisschen durch dieses wunderschöne Ensemble und biegen nach der Hausnummer 14 links in eine kleine Gasse ein. Wir müssen hier eine kleine Treppe überwinden. Rollstuhlfahrer bleiben deshalb einfach in der *Weißgerbergasse* bis zu Ende und biegen links ein und kommen auch so in die *Irrerstraße*. In der Hausnummer 2 entdecken wir ein weiteres interessantes Restaurantkonzept, das **Prison St. Michel**.

Das französische Restaurant ist bekannt für seine romantische Atmosphäre und seine hochwertigen Fleisch- und Fischspezialitäten. Gelegen in der Nähe der Nürnberger Burg, bietet es seinen Gästen ein authentisches französisches Ambiente mit Kerzenschein und ausgewählten Weinen.

Die Speisekarte umfasst eine Vielzahl von Gerichten, darunter gegrillte Tintenfische mit Aioli, frischen Lachs vom Grill mit verschiedenen Dips und eine Auswahl an Galettes, wie die "Romaine" mit Mozzarella, Tomaten und Pesto. Für Desserts stehen unter anderem Mousse au Chocolat und verschiedene Crêpes-Variationen zur Auswahl.

Nur wenige Schritte weiter, am *Weinmarkt*, entdecken wir die **Weinbar 075**, wobei uns hier weniger die Bar an sich, sondern vor allem das Weinangebot interessiert.

Ein Besuch bei 075 Weinbar & Handel verspricht ein besonderes Erlebnis für Weinliebhaber und Genießer. Unter der Leitung der erfahrenen Sommelière Difan Xu, die zuvor in renommierten Restaurants wie dem "ZweiSinn Meiers" in Nürnberg und bei Gordon Ramsay in London tätig war, bietet die Bar eine sorgfältig kuratierte

Auswahl an Weinen, mit einem besonderen Fokus auf regionale Erzeugnisse.

Das stilvolle Ambiente der Weinbar lädt zum Verweilen ein und wurde vom Gourmetmagazin Falstaff mit der Höchstpunktzahl für Service und Atmosphäre ausgezeichnet. Insgesamt erhielt die 075 Weinbar beeindruckende 93 von 100 Punkten und wurde als "Neueröffnung des Jahres" geehrt.

Neben einer wechselnden Auswahl offener Weine werden hochwertige Tapas, ausgewählte Käsesorten und besondere Delikatessen wie Sardinen angeboten, die das Geschmackserlebnis abrunden.

Nach dem Besuch der Weinbar gehen wir noch ein Stückchen weiter *Richtung Sebalduskirche* und bestaunen das Angebot von **Tolle Wolle**.

Tolle Wolle am Weinmarkt ist ein Paradies für Strick- und Häkelbegeisterte. Das Fachgeschäft überzeugt mit einer breiten Auswahl an hochwertigen Garnen in verschiedenen Materialien, Farben und Stärken, die sowohl für Anfänger als auch für erfahrene Handarbeitsfreunde bestens geeignet sind. Besonders geschätzt wird die kompetente Beratung des fachkundigen Personals, das hilfreiche Tipps gibt und bei der Auswahl der passenden Materialien unterstützt. Die liebevoll gestaltete Ladenatmosphäre lädt zum Stöbern und Verweilen ein, während Kunden neue Inspirationen für ihre kreativen Projekte sammeln können. Diese Kombination aus Qualität, Service und einer einladenden Umgebung macht Tolle Wolle zu einer der beliebtesten Anlaufstellen für Handarbeitsfreunde in Nürnberg.

Wir gehen ein kleines Stück zurück und biegen rechts in eine kleine Gasse ein. Wer die beiden Treppen darin nicht nutzen will oder kann, geht vor bis zur *Sebalduskirche* und kommt nach zweimal links in die *Füll* und von dort zu unserer nächsten Station die **Alte Küch'n und im Keller**.

Die Alte Küch'n und Im Keller sind zwei unterschiedliche Gastronomiekonzepte unter einem Dach, die sich perfekt ergänzen.

Während die Alte Küch'n für traditionelle fränkische Küche in gemütlicher, uriger Wirtshausatmosphäre steht, bietet Im Keller ein ganz besonderes Erlebnis: Hier speisen die Gäste in einem historischen Gewölbekeller, was eine einzigartige, fast mittelalterliche Stimmung schafft.

In der Alten Küch'n gibt es klassische fränkische Spezialitäten wie Schäufele, Bratwürste oder Kloßgerichte, während Im Keller zusätzlich auf gesellige Ritteressen setzt. Diese Events sind besonders beliebt, da sie mit rustikalen Speisen, Met aus Tonkrügen und einem unterhaltsamen Rahmenprogramm für ein authentisches, historisches Flair sorgen.

Beide Konzepte machen das Lokal zu einem beliebten Treffpunkt für Liebhaber fränkischer Kultur und Kulinarik – egal ob für einen gemütlichen Abend oder ein besonderes Erlebnis in mittelalterlichem Ambiente.

Wir folgen der Albrecht-Dürer-Straße bergan. Bald entdecken wir auf der linken Straßenseite den **Hochzeitsladen**.

Der Hochzeitsladen Nürnberg in der Albrecht-Dürer-Straße 17 ist die perfekte Anlaufstelle für Paare, die ihre Hochzeit mit Liebe zum Detail planen möchten. Hier finden sie ein umfassendes Angebot an Dekorationsartikeln, die sie für ihre Feier ausleihen können, sowie professionelle Unterstützung bei der floralen Gestaltung und Dekoration ihrer Hochzeitslocation.

Besonders attraktiv sind die beiden hauseigenen Veranstaltungsorte, der Jamnitzerblick und die Stadtvilla, die eine einzigartige Kulisse für unvergessliche Feiern in der Nürnberger Altstadt bieten. Ergänzend dazu gibt es den charmanten Geschenkeladen "Alltags.Liebelei", der sich im historischen Hinterhof des Jamnizterhauses befindet und mit liebevollen Geschenkideen sowie besonderen Accessoires begeistert.

Wir wechseln die Straßenseite und natürlich geht's weiter bergauf. Nach wenigen Schritten stehen wir vor dem Laden **VINTAGESAFARI**.

Wir sind eingeladen zum Stöbern und Genießen. Der liebevoll eingerichtete Second-Hand-Laden begeistert mit einer handverlesenen Auswahl an Vintage-Mode, selbstgemachtem Schmuck und kreativen Fundstücken. Regelmäßige Kooperationen mit regionalen Künstlern machen jeden Besuch zu einem Erlebnis. Dazu gibt es ausgezeichneten Kaffee und erlesenen Wein – perfekt für eine entspannte Shoppingpause. Ein Geheimtipp für alle, die einzigartige Schätze und besondere Atmosphäre schätzen!

Jetzt haben wir die größten Steigungen in Nürnberg fast hinter uns gebracht. Noch wenige Schritte und wir stehen vor dem Haus des berühmtesten Nürnbergers, dem Maler **Albrecht Dürer**.

Hier lebte und arbeitete Albrecht Dürer (1471-1528).

Albrecht Dürer wurde in Nürnberg geboren und gilt als einer der bedeutendsten Künstler der Renaissance nördlich der Alpen. Nach seiner Lehre als Goldschmied und Maler unternahm er Reisen nach Italien und in die Niederlande, wo er Impulse der Humanisten und Künstler wie Mantegna oder Bellini aufnahm. Berühmt wurde er durch Holzschnitte, Kupferstiche und Gemälde, etwa die „Apokalypse"-Folge, das „Selbstbildnis im Pelzrock", den „Feldhasen" oder die „Betenden Hände". Dürer verband technische Präzision mit wissenschaftlichem Interesse an Proportion, Perspektive und Naturdarstellung.

Für Nürnberg war Dürer nicht nur künstlerisch prägend, sondern auch wirtschaftlich und kulturell bedeutsam. Er machte die Stadt zu einem Zentrum des Kunsthandels, trug ihren Ruf als Humanisten- und Druckerzentrum nach Europa und lebte hier bis zu seinem Tod 1528.

einer der bedeutendsten Künstler der Renaissance, bekannt für Werke wie den „Feldhasen", die „Betenden Hände" oder das „Selbstbildnis im Pelzrock".

Eingang zum Albrecht-Dürer-Haus

Ein Besuch im Albrecht-Dürer-Haus bietet eine faszinierende Reise in die Welt des berühmten Künstlers. Im Inneren des Museums können Besucher die historischen Wohn- und Arbeitsräume erkunden und dabei spannende Einblicke in Dürers Leben und Schaffen gewinnen. Besonders beeindruckend ist die historische Druckwerkstatt, in der anschaulich gezeigt wird, wie Drucke im 16. Jahrhundert hergestellt wurden. Ein weiteres Highlight ist die Führung mit „Dürers Frau Agnes", bei der eine kostümierte Darstellerin lebendige Anekdoten aus dem Alltag des Künstlers erzählt.

Nach dem Rundgang lohnt sich ein Moment der Ruhe auf dem Vorplatz, von dem aus man einen herrlichen Blick auf die majestätische Kaiserburg genießen kann.

Wenn Sie das Geschehen an diesem umtriebigen Platz auf sich bei einem Espresso wirken lassen wollen, dann ist besonders das **Café Wanderer** zu empfehlen. Wer lieber ein Bier oder noch gehaltvolleres zur Stärkung wünscht, der wählt rechts daneben das **Bieramt**.

Das Café Wanderer & Bieramt gehört zu den beliebtesten Treffpunkten in Nürnberg, besonders an sonnigen Tagen. Direkt am malerischen Tiergärtnertorplatz, zwischen historischen Fachwerkhäusern und mit Blick auf die Kaiserburg, bietet es eine einzigartige Atmosphäre. Hier treffen sich Einheimische, Touristen, Künstler und Studierende, um bei einem frisch gezapften Bier oder einem Kaffee die entspannte Stimmung zu genießen.

Besonders geschätzt wird die große Auswahl an regionalen Bierspezialitäten, die in wechselndem Angebot serviert werden. Statt auf Massenware setzt das Bieramt auf fränkische Braukunst – perfekt für Bierliebhaber, die gerne neue Sorten entdecken. Das Café Wanderer ergänzt das Angebot mit hausgemachten Kuchen, kleinen Snacks und einer ungezwungenen, geselligen Stimmung.

Ob zum Feierabend, nach einem Spaziergang durch die Altstadt oder als Treffpunkt mit Freunden – die Kombination aus historischem Flair, erstklassigem Bier und ungezwungener Geselligkeit macht diesen Ort so besonders.

Wenn Sie sich ein wenig umsehen, dann fällt Ihnen sofort das Kunstwerk eines liegenden Hasen auf.

Die Skulptur **Dürer-Hase** direkt vor dem Bieramt wurde im Jahr 1984 von dem Nürnberger Künstler Jürgen Goertz geschaffen. Sie ist eine moderne Interpretation von Albrecht Dürers berühmtem Aquarell „Feldhase" aus dem Jahr 1502, das heute in der Wiener Albertina ausgestellt ist.

Der Dürer Hase von Jürgen Goertz

Die Bronzeplastik zeigt jedoch keinen niedlichen Hasen, sondern eine grotesk verzerrte, surreal anmutende Version des Tieres: überdimensioniert, mit zerfließenden Formen und weiteren kleinen Hasenfiguren, die aus dem Körper herauskriechen. Diese Darstellung ist bewusst provokant und humorvoll. Sie spielt auf die Kommerzialisierung von Dürers Werk an, die Vereinnahmung seines Hasen als Souvenir-Motiv und gleichzeitig auf die Vielschichtigkeit von Kunst und Wahrnehmung.

Wir verlassen den *Tiergärtnertorplatz* indem wir über die Gasse *Am Ölberg* der Kaiserburg weiter zu streben. Nachdem wir einige steile Stufen erklommen haben, stehen wir vor einem kleinen Garten und staunen: Unterhalb der Nürnberger Kaiserburg, Am Ölberg, betreibt Patrik Fritz einen kleinen, aber besonderen Hausweingarten. Seit etwa 2017 wachsen dort auf rund 30 Quadratmetern Fläche etwa 40 Rebstöcke – mitten in der Stadt und direkt an einem historischen Ort, an dem schon vor Jahrhunderten Wein angebaut wurde.

Der Hausweingarten von Patrik Fritz am Fuße der Kaiserburg

Er setzt auf den sogenannten „alten fränkischen Satz", eine gemischte Pflanzung aus sechs traditionellen Rebsorten: Grauburgunder, Weißburgunder, Blauer Silvaner, Gewürztraminer, Bukett-Traube und Adelfränkisch.

Doch der kleine Weinberg, der einzige innerhalb der Nürnberger Stadtmauer, ist mehr als ein landwirtschaftliches Projekt. Er dient auch als kultureller Treffpunkt, an dem sich Künstler, Musiker und Weinfreunde begegnen. Die jährliche Weinlese wird gemeinschaftlich gefeiert, und der daraus entstehende Naturwein, der unter dem Namen „Clos Noris" bekannt ist, wird teilweise sogar für wohltätige Zwecke versteigert. Damit verbindet Patrik Fritz Stadtgeschichte, nachhaltigen Weinbau und kulturelles Engagement auf einzigartige Weise.

Gleich links neben dem Weingarten klettern wir noch ein paar Stufen hinauf und stehen direkt vor dem Eingang zum Burggarten.

Der Burggarten in der Kaiserburg

Der Burggarten ist ein echter Geheimtipp und ein Muss für jeden Besucher der Stadt. Er erstreckt sich entlang der historischen Burgmauern und bietet eine einmalige Kombination aus Natur, Geschichte und einer atemberaubenden Aussicht über die Altstadt.

Besonders im Frühling und Sommer verwandelt sich der Garten in eine grüne Oase mit blühenden Beeten und schattigen Plätzen, die zum Entspannen einladen. Ein Spaziergang durch die sorgfältig gepflegten Gartenanlagen, vorbei an alten Mauern und verwunschenen Wegen, vermittelt das Gefühl einer kleinen Zeitreise.

Durch seine ruhige Atmosphäre abseits des Trubels der Stadt bietet der Burggarten den perfekten Ort zum Verweilen, sei es für einen entspannten Spaziergang, eine kleine Auszeit oder um die beeindruckende Kulisse der Kaiserburg auf sich wirken zu lassen.

Wir verlassen den Burggarten über den *Haupteingang* und wenden uns dem Inneren der Burg zu. An Fuße des *Sinwellturms* erwartet uns ein weiteres Highlight, eine **Aussichtsplattform**, von der aus man einen fantastischen Blick über die Dächer Nürnbergs genießen kann. Auch der **Maria Sibylla Merian-Garten**, benannt nach der berühmten Naturforscherin, ist einen Besuch wert und zeigt eine Vielfalt an historischen Pflanzenarten.

Ausblick auf die Nürnberger Altstadt

Auf dieser Tour hatten wir ja noch keine Bratwursteinkehr. Dem helfen wir nun ab. Von der Aussichtsplattform nehmen wir den Weg zunächst ins *Innere der Burg* und nutzen die nächste Gelegenheit links abzubiegen, um die Kaiserburg durch das *Untere Burgtor* zu verlassen. Gleich hinter dem Tor auf der rechten Seite liegt eine der bekannten Bratwurstgaststätten, der **Burgwächter**.

Das Restaurant ist besonders beliebt wegen seiner einzigartigen Lage direkt an der Kaiserburg. Ein weiterer Grund für die Beliebtheit des Burgwächters ist die authentische fränkische Küche. Hier gibt es traditionelle Spezialitäten wie Nürnberger Bratwürste mit Sauerkraut oder Kartoffelsalat, Krustenschäufele mit Kartoffelkloß und fränkischen Sauerbraten mit Lebkuchensauce. Auch das klassische Wiener Schnitzel vom Kalbsrücken erfreut sich großer Beliebtheit, begleitet von hausgemachtem Kartoffelsalat. Vegetarische Optionen wie Röstkloß mit Ei und Salatbeilage runden das Angebot ab. Zum krönenden Abschluss eines fränkischen Mahls wird gerne der hausgemachte Apfelstrudel mit Vanillesauce serviert.

Neben dem Essen überzeugt das Burgwächter mit seiner urigen und gemütlichen Atmosphäre. Besonders der Biergarten lädt dazu ein, bei regionalen Biersorten wie Schlenkerla Rauchbier, Tucher Kellerbier oder Zirndorfer Landbier zu entspannen. Wer lieber Wein trinkt, findet eine Auswahl fränkischer Weine.

Wer sich nicht so lange aufhalten will, dann helfen „3 im Weggla" auch. So viel Zeit muss sein. Damit gut ausgerüstet, streben wir zunächst die Gasse *Am Ölberg* den Burgberg wieder hinab, um dann aber gleich rechts in die *Obere Schmiedgasse* einzubiegen. Vielleicht war es gut nur eine Kleinigkeit beim Burgwächter mitzunehmen, denn am Ende der Gasse wartet eine neue kulinarische Versuchung auf uns, **Fräulein Gusti süsses Handwerk**.

Fräulein Gusti lebt ihre Leidenschaft für süßes Handwerk mit Hingabe. In ihrer gläsernen Backstube entstehen kunstvolle Kreationen, die Tradition und Innovation vereinen. Vom Technikstudium zurück zur Backkunst – ihr Weg war vorgezeichnet. Als Konditormeisterin begeistert sie mit unwiderstehlichen Köstlichkeiten, die Nostalgiker wie Neugierige verführen. Seit 2017 verzaubert sie mit einer einzigartigen Mischung aus Patisserie, Kunst und Genussmomenten.

Ein paar Schritte weiter sind wir wieder am *Tiergärtnertor* angekommen und biegen gleich links in die *Bergstraße* ein. Jetzt geht es nur noch bergab. Auf der rechten Seite sollten wir noch einmal anhalten. Es lockt die **Hausbrauerei Altstadthof**.

Die Hausbrauerei Altstadthof, seit 1984 Pionierin in der Herstellung von Bier aus ökologischen Rohstoffen, braut mit Leidenschaft in der Nürnberger Altstadt. Hier entstehen nicht nur das traditionsreiche Nürnberger Rotbier und weitere Bierspezialitäten, sondern auch der erste Organic Single Malt Whisky Deutschlands. Unter Verwendung von exklusivem Spezialmalz und modernen Bio-Standards wird Bier mit einzigartigem Geschmack und höchster Qualität gebraut – ein wahres Meisterwerk der Braukunst.

Ein weiteres Highlight ist die Historische Felsengänge-Tour, die unter der Brauerei durch das weit verzweigte Kellerlabyrinth führt. Diese Gänge dienten früher der Bierlagerung und sind heute eine spannende Sehenswürdigkeit.

Weiter die Bergstraße abwärts gehend kommen wir am Albrecht-Dürer-Platz an. Hier können wir das imposante **Dürer-Denkmal** bewundern.

Albrecht-Dürer-Denkmal am gleichnamigen Platz

Die Bronze-Statue ist das erste Künstlerdenkmal Deutschlands und ehrt den berühmten Maler und Grafiker Albrecht Dürer (1471-1528).

Das Denkmal wurde am 21. Mai 1840 auf dem damaligen Milchmarkt, dem heutigen Albrecht-Dürer-Platz, enthüllt. Der Entwurf stammt von dem Bildhauer Christian Daniel Rauch, und der Guss wurde von Jacob Daniel Burgschmiet ausgeführt. Die Grundsteinlegung erfolgte bereits 1828 anlässlich des 300. Todestages von Albrecht Dürer.

Wir kehren dem Denkmal den Rücken zu und lassen uns von der baulichen Schönheit der **Sebalduskirche** anziehen.

Die Sebalduskirche ist eines der bedeutendsten Wahrzeichen Nürnbergs und besitzt eine immense kulturelle und historische Bedeutung.

Als älteste Pfarrkirche der Stadt prägt sie mit ihrer beeindruckenden gotischen Architektur seit dem 13. Jahrhundert das Stadtbild. Besonders das berühmte Sebaldusgrab, ein Meisterwerk der Renaissance von Peter Vischer, zieht Besucher in ihren Bann.

Während des Zweiten Weltkriegs wurde die Sebalduskirche 1945 schwer beschädigt und brannte fast vollständig aus. Viele wertvolle Kunstwerke wurden zerstört, doch einige, darunter das Sebaldusgrab, konnten zuvor ausgelagert und gerettet werden.

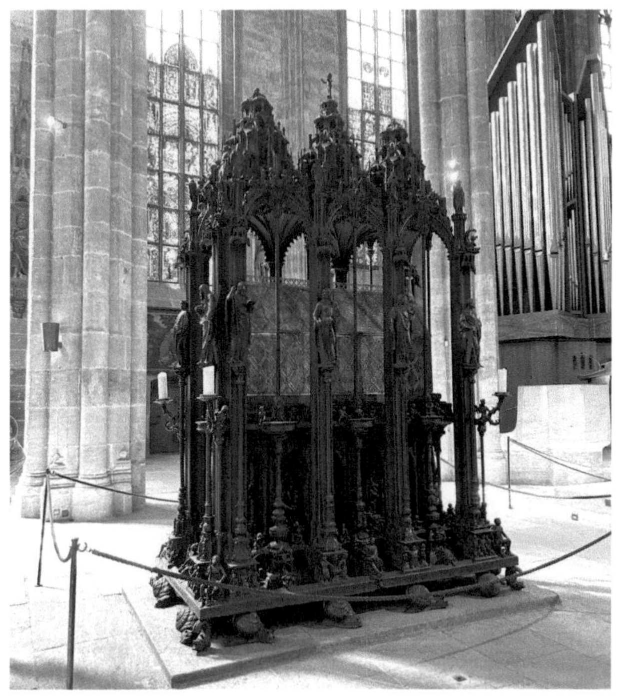

Sebaldusgrab in der St.Sebaldus-Kirche

Nach Kriegsende begann ein aufwendiger Wiederaufbau, der sich an der ursprünglichen Bauweise orientierte. Heute steht die Kirche wieder in voller Pracht und erinnert sowohl an die mittelalterliche Blüte Nürnbergs als auch an die Zerstörungen des Krieges. Mit ihrer reichen Geschichte und bedeutenden Kunstwerke bleibt sie ein zentraler Ort des Glaubens und der Kultur.

Nach dem Besuch der Sebalduskirche gehen wir über die *Winklerstraße* wieder zurück zu unserem Ausgangspunkt, dem *Parkhaus Hauptmarkt*. Besucher, die mit den öffentlichen Verkehrsmitteln gekommen sind können auch über den *Hauptmarkt* und der *Lorenzkirche* entweder zu Fuß zum *Hauptbahnhof* spazieren oder von der Station *Lorenzkirche* aus mit der *U-Bahn-Linie 1* zurückfahren.

Unsere letzte Tour durch die Nürnberger Altstadt hatte es wirklich in sich. Nicht nur wegen der Anstrengung den Berg zu erklimmen, nein, auch das zu bestaunende und zu erlebende Angebot war herausfordernd. Die Gastro- und

Genussdichte war deutlich höher als in den anderen Touren. Das hat sicher damit zu tun, dass das Viertel rund um die Kaiserburg besonders hohe Attraktivität für den Tourismus besitzt und entsprechende Angebote dieses Potential nutzen. Kurz und gut: Es gab viel zu erleben und zu genießen. Vielleicht lassen Sie ihr Fahrzeug einfach stehen oder lassen noch fitte Mitreisende ans Steuer. Die Nutzer der öffentlichen Verkehrsmittel haben es da besser und gegen ein erholsames Nickerchen in der Bahn gibt es doch auch nichts einzuwenden. Auf ein Wiedersehen in Nürnberg.

***

Unsere Entdeckungsreise durch Nürnberg bot einen facettenreichen Einblick in das Herz der Stadt – eine gelungene Mischung aus Einkaufen, Erleben und Genießen. Von den traditionsreichen Einkaufsstraßen über charmante Einzelhändler bis hin zu den pulsierenden Hotspots rund um den Hauptmarkt zeigte sich Nürnberg in seiner ganzen Vielfalt. Dabei wurde deutlich: Nicht nur große Ketten prägen das Bild, sondern vor allem die kleinen, inhabergeführten Geschäfte verleihen der Stadt ihren besonderen Charakter.

Das fränkische „Basst scho!" begleitete uns augenzwinkernd durch die Touren – mal als Lob, mal als Ansporn zur Weiterentwicklung, immer aber als Ausdruck der typisch fränkischen Gelassenheit. Denn in Nürnberg liegt vieles zwischen den Zeilen – und zwischen Geschichte, Genuss und Gegenwart. Besonders eindrucksvoll war der Kontrast zwischen mittelalterlichem Flair und urbanem Leben, zwischen Bratwurstbude und Sterneküche. Nürnberg lebt von Gegensätzen, die sich zu einem stimmigen Gesamtbild fügen.

Auch der letzte Abschnitt unserer Reise, geprägt von kulinarischer Vielfalt und touristischer Lebendigkeit rund um die Kaiserburg, zeigte noch einmal, wie viel Nürnberg zu bieten hat. Wer den Berg erklommen hat, wurde mit Ausblicken – im wörtlichen wie im übertragenen Sinn – belohnt.

Ob mit dem Auto, der Bahn oder zu Fuß: Diese Stadt lädt zum Wiederkommen ein. Denn eines ist sicher – Nürnberg hat Appetit auf mehr gemacht.

NACHWORT

Liebe Leserin, lieber Leser,

ich hoffe, ich konnte Ihnen die Vielfalt der Nürnberger Innenstadt und deren Angebote ein Stück näherbringen. Es gab vieles zu entdecken. In Nürnberg aufgewachsen, war es für mich eine große Freude über meine langjährige Heimatstadt berichten zu können. Auch als Handels- und Marktexperte war und bin ich immer wieder überrascht, welche kreativen Konzepte uns in der Nürnberger City erwarten.

Sicher haben Sie den einen oder anderen Laden oder das gewählte Restaurant gekannt, aber dennoch das eine oder andere Schätzchen Ihrer Wahl vermisst.

Dass hier nicht alle Lieblingsläden vorgestellt werden konnten liegt an dem Konzept, jeweils eine zusammenhängende Tour zu erstellen. Viele erwähnenswerte Geschäfte sind deshalb nicht in diesem Buch vorgestellt worden. Alle durch sehr hohe positive Kundenrezensionen ausgezeichnete Geschäfte sind aber auf meiner Webseite **www.laden-butler.de** erfasst. Fehlt Ihnen trotzdem etwas, dann helfen Sie mit, bewerten Sie auf den Social-Media-Kanälen ihr Lieblingsgeschäft oder regen Sie die Besitzer an, aktiver in diesen Kanälen zu werden. Dann kann ich in einer der folgenden Auflagen Ergänzungen vornehmen.

Ich wünsche Ihnen noch viele glückliche Einkaufs- und Erlebnisstunden in der Frankenmetropole Nürnberg.

Herzlichst, Ihr

Wilfried Weisenberger

ww@laden-butler.de

ÜBER DEN AUTOR

 Wilfried Weisenberger ist eine erfahrene Persönlichkeit im Bereich Handel und Kommunalberatung. Seine berufliche Laufbahn begann er als Büro- und Einzelhandelskaufmann im Kaufhaus Allersberger Straße in Nürnberg beim traditionsreichen Versandhändler Quelle. Später studierte er an der FAU Erlangen-Nürnberg Wirtschafts- und Sozialwissenschaften sowie Wirtschaftsgeographie. In seiner beruflichen Karriere arbeitete er unter anderem als Immobilien- und Kommunalexperte bei der Gesellschaft für Konsumforschung (GfK) und bekleidete dort mehrere Führungsfunktionen. Dabei spezialisierte er sich auf die Handelsberatung und die Kommunalentwicklung.

Zudem wird seine Expertise in mehreren Jurygremien seit vielen Jahren geschätzt. Dazu zählt z.B. die Innenstadtinitiative "Ab in die Mitte Hessen" des hessischen Wirtschaftsministeriums.

Weiter ist er seit mehr als 15 Jahren Dozent bei der IREBS Immobilienakademie zum Thema "Markt- und Standortanalysen".

Weisenberger war auch Gründer der SK Standort & Kommune Beratungs GmbH, einem Unternehmen, das sich seit 2011 auf die Standortentwicklung von Handel und Kommunen spezialisiert hatte. Nach dem Verkauf seiner Firma 2022 konzentriert er sich verstärkt auf die Entwicklungsperspektiven der Innenstädte. Besonders faszinieren ihn die Dynamik und der Wandel im Einzelhandel. Seine Leidenschaft für innovative Konzepte und den Kundenfokus spiegelt sich in seinen Projekten wider, darunter zuletzt die Internet-Plattform LadenButler, die innovative Lösungen für den stationären Handel präsentiert.

Er verbindet jahrzehntelange Erfahrung im Einzelhandel mit einem tiefen Verständnis für die wirtschaftlichen und gesellschaftlichen Herausforderungen des Marktes.